教育部人文社会科学一般项目资助（10YJC880164）
全国教育科学规划教育部青年项目资助（ELA100385）

随迁子女的体育运动与社会融入研究

赵溢洋　著

北京体育大学出版社

策划编辑 钱春华
责任编辑 钱春华
责任校对 赵红霞
版式设计 久书鑫

图书在版编目（CIP）数据

随迁子女的体育运动与社会融入研究 / 赵溢洋著. --北京：北京体育大学出版社，2018.12（2022.7 重印）
ISBN 978-7-5644-3088-7

Ⅰ.①随… Ⅱ.①赵… Ⅲ.①流动人口-体育教育-教育研究-中国 Ⅳ.①G807

中国版本图书馆 CIP 数据核字（2018）第 279102 号

随迁子女的体育运动与社会融入研究 赵溢洋 著
SUIQIAN ZINÜ DE TIYU YUNDONG YU SHEHUI RONGRU YANJIU

出版发行：北京体育大学出版社
地　　址：北京市海淀区农大南路 1 号院 2 号楼 2 层办公 B-212
邮　　编：100084
网　　址：http：//cbs. bsu. edu. cn
发 行 部：010-62989320
邮 购 部：北京体育大学出版社读者服务部 010-62989432
印　　刷：北京虎彩文化传播有限公司
开　　本：710mm×1000mm 1/16
成品尺寸：228mm×170mm
印　　张：10
字　　数：184 千字
版　　次：2018 年 12 月第 1 版
印　　次：2022 年 7 月第 2 次印刷
定　　价：65.00 元

摘　　要

对随迁子女的研究重点放在三方面：关注教育公平、关爱身心发展和关心社会适应，其理念基于正义，动机始于关怀，目标追求是社会和谐。随迁子女能否通过体育运动增强他们的社会资本、心理资本、友谊质量，提高情绪调节能力、同伴接纳和社会信任水平，减少其与城市的社会距离是本研究的重点问题。体育活动中形成的儿童青少年群体是研究青少年社会化的一个理想群体，也是检验体育是否能促进随迁子女社会适应和社会融入能力的一个理想平台。

本研究主要采用文献分析法、问卷调查法和统计分析法描述随迁子女的体育参与、社会阶层以及社会网络现状，并围绕体育群体涉入、同伴接纳、社会信任、情绪调节和心理资本等进行社会学和心理学分析。研究结果表明：

（1）随迁子女（$N=1\ 758$）体育运动的现状特征是：①随迁子女各个年龄组别中（12～16岁），体育活动增多的比例均大于体育活动减少的比例，农村户籍随迁子女体育活动增多的比例也大于城镇户籍的随迁子女，但是，随迁子女的自主参与意识都有待提高。②随迁子女体育消费水平较低，象征较高阶层地位的运动项目参与较少，活动场所以在学校和免费场所为主；多重对应分析表明，随迁子女的户籍、经济条件和体育圈中的影响力呈现正相关关系。③随迁子女通过体育运动“认识新朋友”并“增进友谊”；他们大多数与“强关系”的好朋友或普通朋友一起参与体育运动。随迁子女个体可以在体育社会网中获得情感和行为支持。

（2）随迁子女（$N=853$）体育运动的社会资本、人力资本与城市融入的结构方程模型拟合良好：①体育运动的社会资本功能和人力资本功能的标准化回归系数是0.89。②体育运动的社会资本对城市融入的标准化回归系数是0.68。③人力资本对城市融入的标准化回归系数是0.20。④社会资本、人力资本与城市融入的结构方程模型既适合于男生组，也适合于女生组，既适合于低年龄组（11～13岁），也适合于高年龄组（14～16岁），嵌套模型比较差异不显著（$p>0.05$）。⑤在嵌套模型的比较中发现，运动频率高（≥3次/周）的群体与运动频率低（<3次/周）的群体存在显著差异（$\Delta\chi^2=43.47$，$\Delta df=5$，$p<0.01$）；参与运动项目丰富程度多（≥3项）的群体与参与运动项目丰富程度少（<3项）的群体也存在显著差异（$\Delta\chi^2=32.83$，$\Delta df=5$，$p<0.01$）。

（3）随迁子女（$N=476$）体育群体涉入、体育情境中的情绪调节策略和体育情境中的同伴接纳的相互关系和强度的结构方程模型拟合良好：①体育群体涉入指向同伴接纳的路径系数是0.27，回归显著性检验显著。②体育群体涉入指向情绪调节策略的路径系数是0.72，回归显著性检验显著。③情绪调节策略指向同伴接纳的路径系数是0.35，回归显著性检验显著。④体育群体涉入对同伴接纳的总效应约为0.52（直接效应路径系数0.27与间接路径系数0.72×0.35的和），即情绪调节在体育群体涉入和同伴接纳的关系中具有48%的中介率。

（4）随迁子女（$N=356$）的体育参与、运动友谊质量与城市同伴信任的结构方程模型拟合良好：①多元回归分析中，自变量“体育参与程度”对因变量“对城市同伴的信任”的预测作用显著（$p<0.001$）。②中介作用的结构方程模型分析中，“运动友谊质量”在自变量“体育参与程度”和因变量“对城市同伴的信任”中起中介作用（中介率为62%）。

（5）随迁子女（$N=356$）“体育涉入”“运动心理资本”“城市适应”3组核心概念共变关系和中介效应的分析表明：“体育涉入”“运动心理资本”“城市适

应”3组概念关系的结构方程模型拟合良好，其中：①“体育涉入”对“运动心理资本”的显著性路径系数是0.58。②“运动心理资本”对“城市适应”的显著性路径系数是0.57。③“体育涉入”对“城市适应”的显著性路径系数是0.30。④“运动心理资本”对“体育涉入”和“城市适应”的中介率是52%。

研究结论是：

（1）随迁子女体育活动情况能够在人口统计学及社会交往中得到体现：①人口统计学对随迁子女的体育参与具有预测作用——随迁子女体育活动频次变化与地缘、性别和户籍有关，自主锻炼意识与户籍和地缘有关。②随迁子女体育参与的弱势地位仍然明显，高消费运动项目的运动场所将随迁子女排斥在外；多重对应分析表明，随迁子女的户籍、经济条件和体育交往圈中的影响力呈现正相关关系。③随迁子女在阳光体育交往中拥有特殊的网络结构和嵌入性资源，该社会网络的结构以同质性的“强关系”为主，“弱关系”的社会联结较少；随迁子女在阳光体育社会网中可获得情感和行为支持。

（2）随迁子女的城市融入与体育活动的社会资本和人力资本的相互关系：①体育运动的社会资本功能和人力资本功能呈现显著相关性，两者是相互影响的，其中一个变量的变化会引起另一个变量的变化，并且共同影响随迁子女的城市融入。体育社会资本功能影响城市融入的强度高于人力资本功能，其原因可能是——人力资本在城市融入中体现的是一种个人特征，而社会资本则体现群体特征，是一种嵌入社会网络的资源；人力资本作用的发挥取决于个体所处的群体及其社会环境，随迁子女群体的城市融入更加强调个体参与群体的重要性。②体育运动的社会资本功能和人力资本功能与城市融入结构模式关系的强度和方向在性别、年龄组别上具有组间恒等性，表明该模型具备一定的稳定性，即体育运动通过社会资本和人力资本影响随迁子女城市融入的过程不会因性别和年龄的不同而产生变化。③结构模式的关系强度在运动频率和运动项目丰富程度上具有组间差异性，表明体育运动对社会资本、人力资本功能以及城市融入的共变关系强度产生影响，即多参与体育运动、参与体育项目类型丰富会正向影响社会资本和人力资本的积累，进而正向影响随迁子女的城市融入水平。④运动频率和运动项目丰富程度与城市融入构成广义中介效应的远端关系，体育运动的社会资本功能和人力资本功能起到了广义中介效应，表明体育运动是通过社会资本和人力资本的积累间接提升随迁子女的城市融入水平的。

(3)“情绪调节策略”在“体育群体涉入”和“同伴接纳”关系中的作用：①“体育群体涉入”正向影响“同伴接纳”水平。体育群体活动为同伴接纳提供了一种理想情境，在此情境中，“体育群体涉入”与随迁子女的“同伴接纳”水平显著相关。②“体育群体涉入”正向影响“情绪调节策略”。随迁子女运用“认知重新评估”和“表达抑制”的情绪调节策略可以降低体育运动的负向情绪，维持正向情绪的强度和持续度。③随迁子女的“情绪调节策略”正向影响“同伴接纳”水平。“认知重评”代表随迁子女情绪行为前的调节策略，能通过改变对情境的评价控制情绪表达；而“表达抑制”通过认知监控并抑制负向情绪来控制情绪行为，“情绪调节策略”的效益有助于增加随迁子女在同伴群体中的接纳水平。④在结构模型的共变关系中，“情绪调节策略”在“体育群体涉入”和“同伴接纳”的关系中起到了中介作用。

(4) 随迁子女积极参与体育运动能正向影响与城市同伴的“运动友谊质量”，并能正向影响“对城市同伴的信任”程度；随迁子女的“体育参与程度”在“运动友谊质量”的中介作用机制下“对城市同伴的信任”产生作用。

(5)“运动心理资本”在“体育涉入”和“城市适应”关系中的作用：①随迁子女的“体育涉入”正向影响“运动心理资本”，“体育涉入”的自我表现、生活中心性和吸引力的 3 维度结构，以及“运动心理资本”的乐观、希望感、自我效能和韧性 4 维度结构得以验证。②随迁子女的“运动心理资本”正向影响“城市适应”，“城市适应”的行为适应和城市认同2维度结构得以验证。③“体育涉入”正向影响“城市适应”。④在结构模型的共变关系中，“运动心理资本”在“体育涉入”和“城市适应”的关系中起到了中介作用。随迁子女的“运动心理资本”解释了“体育涉入”可以促进“城市适应”的心理机制，为体育运动促进随迁子女的城市适应提供了一种理论与实践依据。

体育运动能够增加随迁子女的社会信任、同伴接纳、友谊质量水平，提高情绪调节能力和心理资本，进而促进随迁子女的社会融入，体现出了本研究的意义和价值。

关键词：随迁子女；体育运动；同伴接纳；友谊质量；心理资本

前　　言

农民进城是中国近二十多年来重要的社会现象，他们的子女要么随迁流动，要么留守乡村，这些儿童、青少年的身心健康发展以及如何融入社会是意义重大的研究课题。社会融入与社会排斥常常成对出现，它们与弱势群体、流动、贫困、剥夺、不平等、歧视等概念和话语相关。20 世纪 90 年代末以来，城市出现了“飘落的蒲公英”——在 2 亿城市农民工背后，是高达 1400 万的随迁子女；另外，经“教育”“考学”“农转居”的途径从农村来到城市的青少年也为数不少。针对随迁子女研究的重点有三个方面：关注教育公平、关爱身心发展和关心社会适应；其理念基于正义，动机始于关怀，目标追求是社会和谐。随迁子女的边缘化既与相对宏观的社会结构因素，如家庭经济收入弱势、城市文化冲击、教育不平等、生活不适应等有关，也与相对微观的心理和行为问题，如“焦虑、愤怒、沮丧、悲伤”等负向情绪体验，以及社交障碍、攻击行为、同伴冲突等越轨行为有关。随迁子女的研究关注身心发展和社会适应议题，如弱势儿童负向情绪的调查与应对方式，以及同辈群体间的人际关系、融入群体生活等。体育作为具有特殊价值和功能的载体在随迁子女的“社会融入”和“社会适应”中是否能起到积极作用是本研究的基本问题意识。

一、选题意义和研究内容前沿性

（一）选题意义

改革开放四十多年来，中国社会发生了重大变迁。其中，有2亿多农民进城打工或留居在城市。在这些城市农民工背后，是多达数千万的城市流动儿童，而这些儿童、青少年怎样融入社会是重大的现实问题，也是意义重大的研究课题。随迁子女能否通过体育运动，提高随迁子女的社会信任、同伴接纳、友谊质量水平，提高情绪调节能力和心理资本，进而促进随迁子女的社会融入是本次研究的目的所在。本研究在一定程度上解释与回答了较为重要的理论和实际问题，确有较高的实践意义。

（二）研究内容前沿性

1. 引入体育运动与社会网分析

采用“个人中心社会网”研究随迁子女体育群体的社会凝聚、社会适应、社会信任、社会规范与城市融入的关系，体育人文社会学领域引入友谊质量、情绪调节、同伴接纳、信任和心理资本等理论视角，提出体育运动促进随迁子女城市生活适应的社会学和心理学机制。

2. 建立结构方程模型

基于调查样本的数据经验研究，建构体育运动与随迁子女社会效益以及心理效应的结构方程模型，提出体育运动促进随迁子女社会资本、心理资本、运动友谊质量、信任和情绪调节的概念维度及其测量指标，发展体育运动与社会融入问题的实证研究，探索体育运动促进随迁子女城市社会生活适应的现实路径。

3. 拓展体育运动的社会功能

如何发挥体育运动的功能来促进随迁子女的社会融入是一个崭新的研究视角，既体现了对随迁子女的人文关怀，也拓展了体育运动的社会意义。

二、研究对象与方法

（一）研究对象

本研究中随迁子女是从农村来到城市，主要就读于城市义务教育阶段学校的农民工子女。研究样本选自在北京、济南、长春、西安、武汉、苏州、中山和成都就读的随迁子女，主要是就读于城市中小学的农民工子女，本研究重点关注的是未成年的、身心有很大可塑性的儿童和青少年群体，他们也是阳光体育运动的重点目标群体。

（二）研究方法

定性与定量相结合将贯穿于研究的始终。定性研究中，我们从“体育运动促进随迁子女社会融入”的研究假设开始，有目的地选择招收随迁子女的学校，对随迁子女的体育活动、社会网络现状及其城市融入程度进行开放式访谈和参与性观察。我们力求与研究对象建立和谐的关系，以获取第一手资料，制定定性研究中所需的调查问卷。定量研究中，我们以问卷调查为依据来验证研究中提出的“体育运动促进随迁子女社会融入”的假设。问卷题项的筛选，信度、效度的检验，结构方程模型的建构都严格按照数理检验理论证实事实。定性与定量研究中具体的操作方法包括文献分析法、观察法、问卷调查法和统计分析法等。根据研究的需要，调查分阶段进行。采取现场发放、现场填写、现场回收问卷的方式收集资料，其优点是回收率相对较高，同时有利于帮助调查对象澄清疑问。由调查员与任课教师联系，解释研究目的，并获得普遍支持。

测量问卷质量的分析建立在预调查的基础之上，利用 SPSS 15.0 统计软件包进行了项目分析。探索性分析采用主成分分析程序，信度采用可靠性分析子程序，通过 cronbach alpha 系数来检验。然后再对各变量的结构效度进行验证性因素分析。最后，利用结构方程进行模型的建构与分析，分析工具是 AMOS 7.0 软件包。

三、国内外研究动态

国外关于体育与社会融入、生活适应的研究也是一个新生议题。我们以 sport（体育）、emotional adjustment（情绪适应）、social exclusion（社会排斥）、social inclusion（社会融入）、life adaptation（生活适应）等为主题词对 *Journal of Sport Science*（《体育科学》杂志）、*Sociology of Sport Journal*（《体育社会学》杂志）等体育期刊进行了全文检索，发现国外体育学者常引用布迪厄、科尔曼、普特南和福山等当代著名社会学学者关于社会学资本等概念来研究社会排斥和社会融入问题，如《体育，身体活动和社会排斥》（*Sport*, *Physical activity and Social exclusion*, 2004）、《通过体育的发展：建设落后社区的社会资本》（*Development through Sport*: *Building Social Capital in Disadvantaged Communities*, 2008）等。这些文献说明了西方世界的体育参与中存在着社会排斥，同时，体育活动也是社区发展和社会融入、移民社会生活适应的有效方式。

作为城市中的一个特殊群体，随迁子女的社会边缘化现象依然存在，该群体常常与弱势、流动、贫困、剥夺、歧视等概念相关联。随迁子女的边缘化既与相对宏观的社会结构因素，如家庭经济收入弱势、城市文化冲击、教育不平等、生活不适应等有关，也与相对微观的心理和行为问题，如焦虑、愤怒、沮丧、悲伤等负向情绪体验以及社交障碍、攻击行为、同伴冲突等越轨行为有关。宏观的社会结构性因素不在随迁子女可控范围内，而微观的心理和行为问题却可以通过情绪和行为管理加以引导。

随迁子女的研究关注身心发展和社会适应议题，如弱势儿童负向情绪的调查与应对方式，以及同辈群体间的人际关系、融入群体生活等。体育作为具有特殊价值和功能的载体在儿童和青少年的“情绪调节”和“同伴关系”中起到积极作用。

体育运动与情绪调节的研究结论多元且复杂，不同情绪有不同的调节方式，已有研究聚焦：①体育运动与情绪的关联性。McGarry 与 Russo（2011）主张身体动作储存了个体的情绪记忆，而儿童模仿或再现情绪动作有助于建立情绪联结，体育运动能提高情绪的感知觉能力；网络成瘾的学生身体活动量与正向情绪呈显著正相关，与负向情绪呈显著负相关（Eliacik，Bolat & Koçyiğit，2016）；有氧运动（舞蹈、跑步）可以有效降低学生焦虑、忧郁情绪（LeBouthillier，Fetzner & Asmundson，2016）。②体育运动中的情绪体验与人格特征。研究发现，儿童早期体育活动与游戏中欢乐、喜悦和愤怒等情绪的频繁体验和展现能反映个体的人格特质，家长、教师可以借助体育活动发觉儿童人格特点，因材施教地培养分享、包容、忍耐等情绪和行为管理能力（Eime，Young & Harvey，2013）。③体育运动与有效的情绪调节。Thayer，Newman 与 McClain 等归纳出最有效的情绪调节方法包括音乐、运动、进食等（Thayer，Newman & McClain，1994）。女性常在体育运动中寻求社会支持策略，多采用放松和舒缓身心的运动，而男性偏向采取相对剧烈的运动缓解负向情绪。可见，体育运动可能在发泄愤怒、缓和生理和心理应激、转移注意力上参与情绪调节。

同辈群体中的体育运动对儿童和青少年社交能力、健全人格、性别角色和社会适应能力的发展皆有帮助。体育运动与同伴关系的研究中关注：①体育运动影响同伴关系。研究表明，男生群体中运动能力较佳、经常参与体育活动的男生较受欢迎，同伴关系较好，不易遭受同伴排斥。运动能力优于同年龄的青少年会体验较多的社会成功，并且获得同辈群体中较重要的社会地位。体育运动中良好的同伴互动有助于团队沟通、团队气氛调节、团队凝聚力产生，可以满足个人的归属感与爱的需求（Smith，2003）。②随迁子女的运动友谊质量。国内的专门研究指出："运动友谊质量"包括同伴情谊、愉快的玩伴关系、社会化行为、亲密关系、冲突的化解等，随迁子女的"运动友谊质量"在自变量"体育参与程度"和因变量"对城市同伴的信任"中起中介作用。③随迁子女建构和维持的体育社会资本。社会资本是移民社会融入研究中的重要概念，体育社会资本能正向影响随迁子女的城市融入。

随迁子女的情绪和同伴间的人际关系问题的产生具有特殊性，随迁子女的情绪调节、同伴接纳与体育运动关系的研究尽管意义重要却还未见文献报道。本研究的目的是探索与验证随迁子女的体育群体涉入、情绪调节策略与同伴接纳的相互关系及其强度，为弱势儿童和青少年在体育同辈群体中的情绪管理和社会认同提供理论支撑和可供比较的经验数据。

四、篇章结构和基本观点

第一编　随迁子女体育运动的现状调查：参与特征、弱势地位与社会网络

第一章　人口统计学与随迁子女体育活动的一般特征

人口统计学对随迁子女的体育参与具有预测作用。表现为随迁子女体育活动频次变化与地缘、性别和户籍有关，自主锻炼意识与户籍和地缘有关。随迁子女体育活动增多的比例均大于体育活动减少的比例，农村户籍随迁子女体育活动增多的比例也大于城镇户籍的随迁子女，男生体育活动增多的比例均大于女生。随迁子女有时间每天锻炼一小时，但每周主动参与体育活动不足 3 次的比例仍然较

高，随迁子女的自主参与意识都有待增强。

第二章　随迁子女体育参与的弱势地位

随迁子女体育参与的弱势地位仍然明显。随迁子女体育消费水平较低，象征较高阶层地位的运动项目参与较少，活动场所以在校和免费场所为主。高消费项目的场所将随迁子女排斥在外。多重对应分析表明，随迁子女体育参与中户籍、经济条件和体育交往圈中的影响力呈现正向对应关系，其中，外省农村、经济比较差和影响力比较小正相关；本市城镇户籍、经济条件非常好和影响力非常大正相关；外省城镇户籍、经济比较好和影响力比较大正相关；本市农村户籍、经济条件一般和影响力一般正相关。

第三章　随迁子女体育中的社会交往

随迁子女体育交往中拥有特殊的网络结构和嵌入性资源。随迁子女体育社会网结构以强关系的同质性群体为主，弱关系的社会联结较少；体育中的人际交往涉及学习和生活中的人际互动。从参与目的上看，他们希望通过参与体育运动来“认识新朋友”和“增进友谊”；从参与形式的意愿上看，他们绝大多数“愿意与伙伴一起参与体育运动”；从伙伴群体的强弱关系上看，他们大多数与自己有强关系的好朋友或普通朋友一起参与体育。随迁子女个体可以在体育社会网中获得情感和行为支持。随迁子女间的话题和社会行为涉及学习、生活的多个层面。话题既包括普通的兴趣爱好，也涉及个人的私人情感。随迁子女间的亲密行为既有普通关系层面的一起吃午饭，也涉及较为密切的关系层面的借钱给对方和提出规劝意见等。

第二编　随迁子女体育运动与社会适应的社会学分析

第四章　体育与社会资本研究的西方基础与本土化探索

社会资本的核心内容涉及社会网络、信任、规范和价值。无论是从个人获取资源的工具性角度，还是从民族、社会、国家动员公共参与的角度，社会资本研究都具有重要的理论意义和实践价值。体育与社会资本的研究发轫于西方，中国的相关研究才刚刚起步，从理论到应用都有待深入研究。本研究的目的是厘清中西方体育与社会资本的研究基础、热点与前沿，比较中西方研究的异同，提出中国本土化的研究方向。

采用文献资料和知识图谱分析法，以体育与社会资本文献为研究对象，分析西方的研究基础和中国的热点前沿，讨论中西方研究的异同，探索本土化研究的突破方向。

研究结果主要有如下几方面。

（1）西方的奠基性研究关注体育建构与维持的社会资本，关系纽带连接和资源嵌入性解释了其中的作用机制。

（2）CiteSpace 的聚类标识、突现率和新颖性统计，探明了中国的研究热点和前沿。

（3）中西方的研究都追求体育社会资本的社会效益，中国体育社会资本的要素因根植于“关系取向”和“伦理本位”的文化特质区别于西方。

（4）中国的“关系”理论是体育社会资本本土化研究的重要创新点，为体育社会资本本土化研究提供参考。

第五章　随迁子女体育社会资本的结构：经验数据的探索与验证

社会资本是移民社会融入研究中的重要概念，为探讨城市农民工子女通过体育运动积累的社会资本的结构，对社会调查数据进行了探索和验证性因素分析，并利用结构方程模型讨论了结构效度和共同方法偏差。结果表明，社会信任、社会规范、社会凝聚和社会适应4个构念组成了城市农民工子女体育社会资本的结构维度，4维度结构具有较佳的聚合效度和区分效度，共同方法偏差未对研究结果造成严重影响。社会信任、社会规范、社会凝聚和社会适应4个构念共同预测了城市农民工子女的体育社会资本，这种社会资本因城市农民工子女社会网络结构及其嵌入性资源的特殊性而区别于其他群体的体育社会资本。

第六章　体育运动的社会和人力资本功能对随迁子女城市融入的影响——共变关系的调节与远端中介效应

为探讨体育运动的社会资本、人力资本功能与农民工随迁子女城市融入的内在关系，运用结构方程模型验证结构模式的共变性与相互关系的强度和方向。

研究结果表明：

（1）体育运动的社会资本功能和人力资本功能呈现显著相关性。两者是相互影响的，其中一个变量的变化会引起另一个变量的变化，并且共同影响随迁子女的城市融入。体育社会资本功能影响城市融入的强度高于人力资本功能，其原因是——人力资本在城市融入中体现的是一种个人特征，而社会资本则体现了群体特征，是一种嵌入社会网络的资源；人力资本作用的发挥取决于个体所处的群体及其社会环境，随迁子女群体的城市融入更加强调个体参与群体的重要性。

（2）结构模式关系的强度和方向在性别、年龄组别上具有组间恒等性。表明该模型具备一定的稳定性，即体育运动通过社会资本和人力资本影响随迁子女城市融入的过程不会因性别和年龄的不同而产生变化。

（3）结构模式的关系强度在运动频率和运动项目丰富程度上具有组间差异性。表明体育运动对社会资本功能、人力资本功能以及城市融入的共变关系强度产生影响，即多参与体育运动、参与体育项目的类型丰富会正向影响社会资本和人力资本的积累，进而正向影响随迁子女的城市融入水平。

（4）运动频率和运动项目丰富程度与城市融入构成广义中介效应的远端关系。体育运动的社会资本功能和人力资本功能起到了广义中介效应，表明体育运动通过社会资本和人力资本的积累间接促进随迁子女的城市融入水平。

第三编　随迁子女体育运动与社会适应的心理学分析

第七章　随迁子女体育群体涉入、情绪调节策略与同伴接纳的关系

随迁子女的研究一直关注身心发展和社会适应议题，体育作为功能载体对弱势儿童和青少年的社会交往和社会适应能力的发展具有特殊价值。为探索随迁子女的体育群体涉入、情绪调节策略与同伴接纳的相互关系，以问卷调查法建构和验证了共变关系的结构方程模型，并进行了变量的中介效应分析。

研究结果表明：

（1）“体育群体涉入”正向影响“同伴接纳”水平。体育群体活动为同伴接纳提供了一种理想情境，在此情境中体育群体涉入与随迁子女的同伴接纳水平显著相关。

（2）“体育群体涉入”正向影响“情绪调节策略”。随迁子女运用“认知重新评估”和“表达抑制”的情绪调节策略可以降低体育运动的负向情绪，维持正向情绪的强度和持续度。

（3）随迁子女的“情绪调节策略”正向影响“同伴接纳”水平。“认知重新评估”代表随迁子女情绪行为前的调节策略，能通过改变对情境的评价控制情绪表达；而“表达抑制”通过认知监控并抑制负向情绪来控制情绪行为，“情绪调节策略”的效益有助于增加随迁子女在同伴群体中的接纳水平。

（4）在结构模型的共变关系中，“情绪调节策略”在“体育群体涉入”和“同伴接纳”的关系中起到了中介作用。

第八章　随迁子女的体育参与对城市同伴信任的影响——运动友谊质量的中介作用

为探讨随迁子女“体育参与程度”“运动友谊质量”“对城市同伴的信任”3组变量的内在关系，对随迁子女进行了问卷调查，利用多元回归和结构方程模型讨论变量间的作用机制。

研究结果表明：

（1）多元回归分析中，自变量“体育参与程度”对因变量“对城市同伴的信任”的预测作用显著（$p<0.001$）。

（2）中介作用的结构方程模型分析中，“运动友谊质量”在自变量“体育参与程度”和因变量“对城市同伴的信任”中起中介作用（中介率为64%）。

本研究说明，随迁子女积极参与体育运动能正向影响与城市同伴的“运动友谊质量”，并能正向影响“对城市同伴的信任”程度；随迁子女的“体育参与程度”在“运动友谊质量”的中介作用机制下“对城市同伴的信任”产生作用。

第九章　随迁子女体育涉入、运动心理资本与城市适应的关系

围绕“体育涉入”“运动心理资本”“城市适应”3组核心概念对随迁子女进行了社会调查，建构了变量关系的结构方程模型，进行了共变关系和中介效应的分析与讨论。

研究结果表明，“体育涉入”“运动心理资本”“城市适应”3组概念关系的结构方程模型拟合良好，其中：

（1）“体育涉入”对“运动心理资本”的显著性路径系数是0.58。

（2）“运动心理资本”对“城市适应”的显著性路径系数是0.57。

（3）“体育涉入”对“城市适应”的显著性路径系数是0.30。

（4）“运动心理资本”对“体育涉入”和“城市适应”的中介率是52%。

研究结论是：

（1）随迁子女的“体育涉入”正向影响“运动心理资本”，“体育涉入”的自我表现、生活中心性和吸引力的 3 维度结构以及“运动心理资本”的乐观、希望感、自我效能和韧性 4 维度结构得以验证。

（2）随迁子女的“运动心理资本”正向影响“城市适应”，“城市适应”的行为适应和城市认同 2 维度结构得以验证。

（3）随迁子女的“体育涉入”正向影响随迁子女的“城市适应”。

（4）结构模型的共变关系中，“运动心理资本”在“体育涉入”和“城市适应”的关系中起到了中介作用。

随迁子女的“运动心理资本”解释了“体育涉入”可以促进“城市适应”的心理机制，为体育运动促进随迁子女的城市适应提供了理论与实践依据。

目录 Contents

第一编

随迁子女体育运动的现状调查：参与特征、弱势地位与社会网络

内容提要：目的：随迁子女的体育运动在促进人际交往、同伴接纳、社会融入上具有重要意义，本研究旨在调查分析随迁子女体育运动的3组问题：①人口统计学特征与体育参与特征；②体育项目、场所、消费的多重对应分析；③体育社会交往特征、个人中心社会网中的嵌入性资源及体育的网络结构特征。

方法：采用社会调查的方法，随机抽取北京、济南、长春、西安、武汉、苏州、中山和成都就读于普通公立学校且处于义务教育阶段的1 758名随迁子女进行调查和统计分析；样本中，已经拥有城市户籍的随迁子女为570人，仍然是农村户籍的为1 188人；11～13岁的有999人，14～16岁的有759人；男生为1 038人，女生为720人。

结果：①各个年龄组别（12～16岁）中随迁子女体育活动增多的比例均大于体育活动减少的比例，农村户籍随迁子女体育活动增多的比例也大于城镇户籍的

随迁子女，但是，随迁子女的自主参与意识都有待提高。②随迁子女体育消费水平较低，象征较高阶层地位的运动项目参与较少，活动场所以在校和免费场所为主；多重对应分析表明随迁子女的户籍、经济条件和体育交往圈中的影响力呈现正相关关系。③随迁子女通过参与体育运动来“认识新朋友”和“增进友谊”，他们大多数与有“强关系”的好朋友或普通朋友一起参与体育。随迁子女个体可以在体育社会网中获得情感和行为支持。

结论：①人口统计学对随迁子女的体育参与具有预测作用，随迁子女体育活动频次变化与地缘、性别和户籍有关，自主锻炼意识与户籍和地缘有关。②随迁子女体育参与的弱势地位仍然明显，高消费的运动项目，其运动场所将随迁子女排斥在外；多重对应分析表明，随迁子女的户籍、经济条件和体育交往圈中的影响力呈现正向对应关系。③随迁子女体育交往中拥有特殊的网络结构和嵌入性资源，该社会网络的结构以同质性的“强关系”为主，“弱关系”的社会联结较少；随迁子女在体育社会网中可获得情感和行为支持。

关键词：随迁子女；体育；参与；社会网络

1 引 言

教育部的统计显示，处于义务教育阶段的城市农民工子女已达130余万人[1]。体育对于青少年群体的社会化具有特殊作用，而随迁子女阳光体育参与现状如何，阳光体育活动是否增加了他们的社会交往，是否促进了他们的社会化发展是本研究的目的。

在国外体育与青少年社会融合的研究中，功能主义通过体育有益社会的相关假设，使用定量的方法验证了体育参与有助于年轻人适应社会；冲突论假设人的社会化被动地由经济力量所塑造，认为体育与社会化深受经济和社会强权力量等因素的影响；批判理论和互动理论的观点认为，社会化不是一个社会塑造人的单项过程，而是个人积极和其他人接触，塑造自己并同周围世界互动的过程。[2,3] 国内针对农民工子女的体育运动与城市融入的研究已得到一些有益的结论，有研究认为，随迁子女的体育参与对城市同伴信任的影响具有显著的预测作用，其中的

"运动友谊质量"能起到中介作用。城市农民工子女的体育社会资本因其社会网络结构及其嵌入性资源具有特殊性，区别于其他群体的社会网络与资源[4]。随迁子女体育运动的频率和项目丰富程度与城市融入构成广义中介效应的远端关系，社会资本和人力资本功能起到了广义中介效应[5]。可见，同伴群体是儿童和青少年社会化的重要场所。

随迁子女的阳光体育在促进人际交往、同伴接纳、社会融合上具有重要意义，而本调查研究聚焦三组问题：①调查随迁子女人口统计学与阳光体育参与的现状，着重人口统计学特征为自变量的体育参与特征；②调查随迁子女体育活动的项目、场所、消费等现状，并进行多重对应分析，考察是否存在阳光体育中的社会排斥现象；③调查随迁子女阳光体育社会交往特征以及个人中心社会网中的嵌入性资源，考察随迁子女阳光体育的网络结构特征。

2　研究对象与方法

2.1　研究对象

本研究中的随迁子女是从农村来到城市，主要处于城市义务教育阶段的农民工子女。研究样本选自在北京、济南、长春、西安、武汉、苏州、中山和成都就读的随迁子女。样本详细信息如表 1－1 所示。

表 1－1　本研究调查对象的户籍、年龄、性别交叉列表（N=1 758）

年龄	户籍											
	本市城镇		本市农村		本省城镇		本省农村		外省城镇		外省农村	
	男	女	男	女	男	女	男	女	男	女	男	女
11 岁	15	0	6	0	3	6	15	6	27	30	45	27
12 岁	9	6	18	27	9	3	27	6	78	57	111	105
13 岁	6	0	33	9	6	15	18	6	54	30	81	105

续表

年龄	户籍											
	本市城镇		本市农村		本省城镇		本省农村		外省城镇		外省农村	
	男	女	男	女	男	女	男	女	男	女	男	女
14 岁	12	6	27	30	12	3	9	6	48	24	141	69
15 岁	6	6	15	9	0	6	6	9	48	12	108	57
16 岁	3	0	0	15	6	3	3	0	6	15	27	12
合计	69		189		72		111		429		888	

2.2 研究方法

本研究综合运用了专家访谈、问卷调查、数理统计和逻辑分析等研究方法。问卷通过了体育人文社会学博生研究生导师 3 人、体育学博士 6 人的专家效度评判。调查采取现场发放与回收的方式收集资料。

第一章 人口统计学与随迁子女体育活动的一般特征

1 人口统计学与体育活动的频次变化

如图 1 –1、图 1 –2 所示，在分别以年龄、性别为自变量，以体育活动变化为因变量的统计中发现，年龄分组的组内比较中，12 ~ 16 岁各个组别中活动增多比例大于活动减少的比例；男生变化较女生明显，男生回答体育活动增多的所占比例最大。这一现象可能与城市学校的体育设施条件、师资力量、学校对体育活动的重视程度以及城市的体育文化有关。

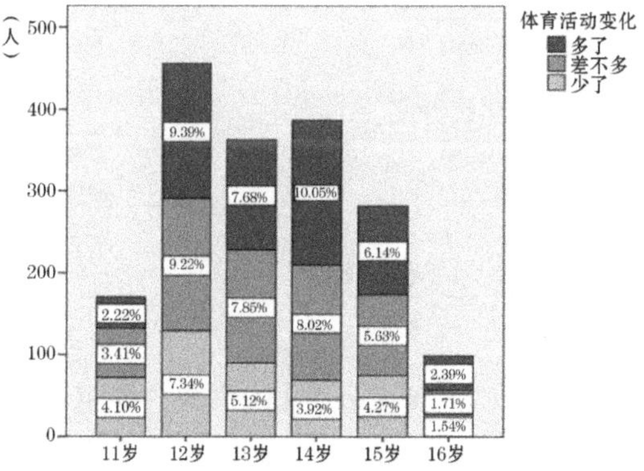

图 1 –1 年龄与活动频次统计图

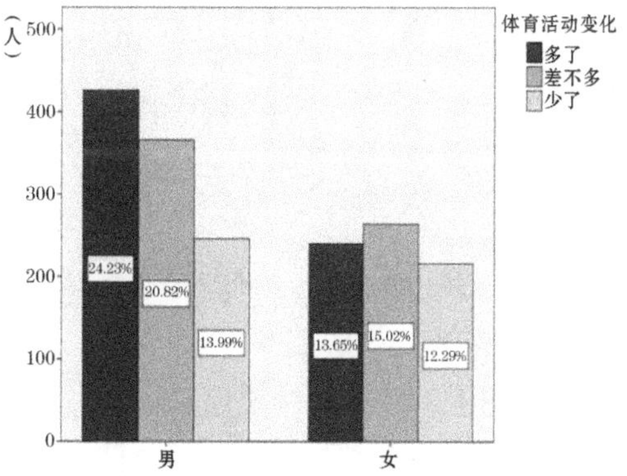

图 1 –2 性别与活动频次统计图

如图1－3所示，在以户籍为自变量，以体育活动变化为因变量的统计中发现，户籍的组内比较中，随迁子女体育活动增多的比例均大于体育活动减少的比例（组内比较188% >0.88%，5.97% >1.54%，1.88% >0.51%，2.73 >1.02%，8.02% >7.85%，17.41 >14.68）；体育活动增多比例的比较，本市、本省随迁子女大于外省户籍的随迁子女，例如本市城镇户籍体育活动增多的比例为47.83%（组内1.88%，占组内样本1.88% +1.37% +0.68%的比例），而外省城镇户籍体育活动增对的比例是32.87%（组内8.02%，占组内样本8.02% +8.53% +7.85%的比例）；同样，农村户籍随迁子女体育活动增多的比例也大于城镇户籍的随迁子女，例如本省农村户籍体育活动增多的比例是47.07%，而本省城镇户籍体育活动曾多的比例为45.85%。

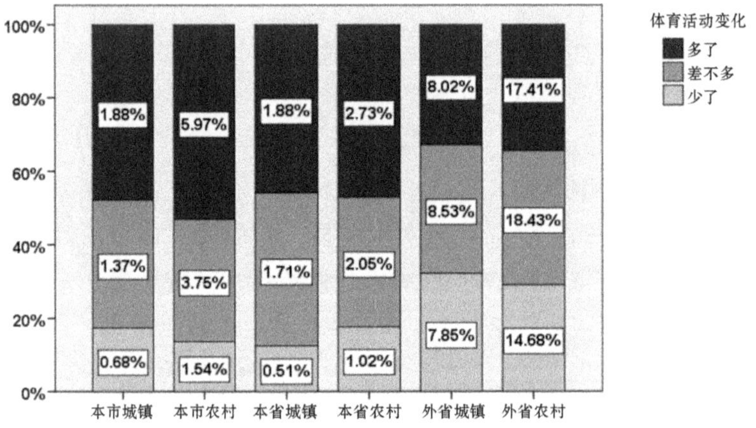

图1－3　户籍与活动频次变化统计图

2　人口统计学与体育活动的自主意识

如图1－4、图1－5所示，随迁子女中，除了16岁组外，11～15岁各组的随迁子女“有时间每天锻炼一小时”的多于“没有时间”的。但是，随迁子女每周主动参与体育活动“不足3次”的还占有相当大的比重，而且，男生参与频次较女生高。

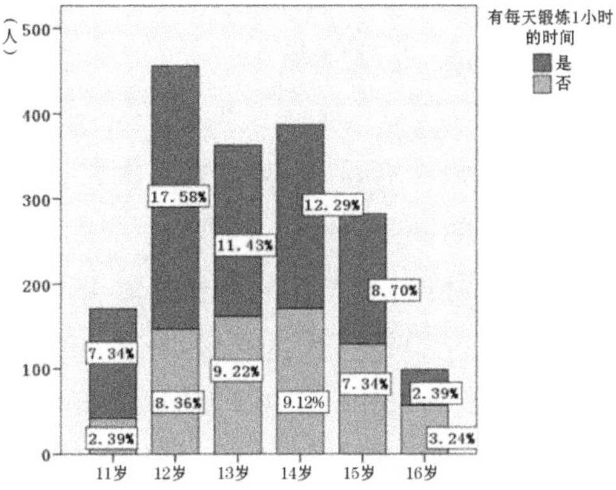

图 1－4 年龄与每天锻炼 1 小时统计图

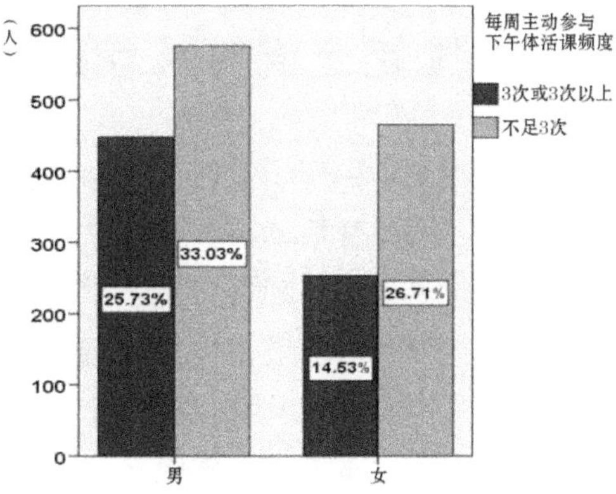

图 1－5 性别与主动参与体活课统计图

如图 1－6 所示，以户籍为自变量的组内比较中，只有本市农村和本省城镇的随迁子女主动参与“体活课”的比例较高；外省农村和外省城镇自主锻炼意识较弱。这一现象可能是因为本市、本省的随迁子女在地缘上更接近，文化上更熟悉，因此，他们更容易适应当地生活，进而体育参与的意识也较强。整体上说，随迁子女的自主参与意识都有待增强。

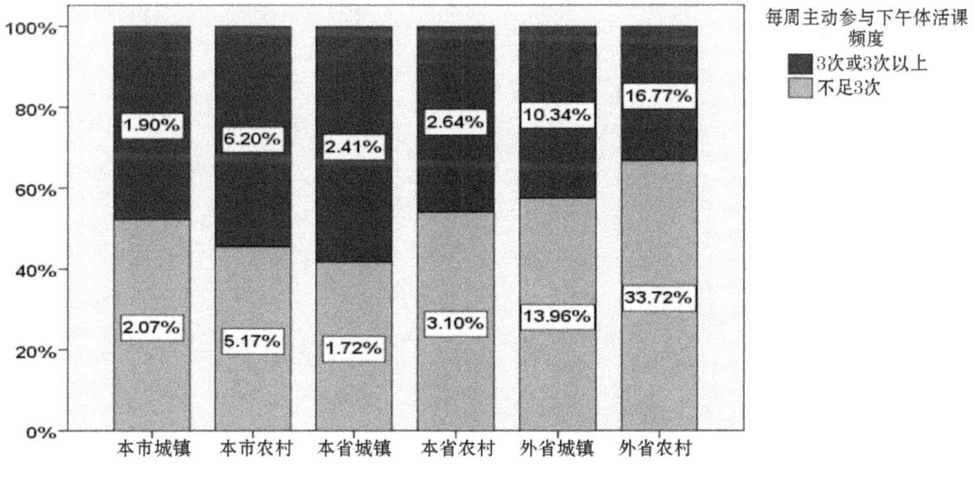

图 1－6 户籍与主动参与体活课统计图

3 随迁子女的人口统计特征与体育参与

各个组别中随迁子女体育活动增多的比例均大于体育活动减少的比例，农村户籍随迁子女体育活动增多的比例也大于城镇户籍的随迁子女，这可能与城市学校的体育设施条件、师资力量、学校对体育活动的重视程度以及城市的体育文化有关。男生体育活动增多的比例均大于女生的情况可能与男生的体育态度更积极有关，而处于青春期的女生，由于身体发育的缘故不如男生积极。体育活动增多比例的比较中，本市、本省随迁子女大于外省户籍的随迁子女，这一现象可能是因为本市、本省的随迁子女由于地缘、文化更接近、更熟悉，更容易适应当地体育文化，从而使体育活动的频次增多。另外，调查显示，随迁子女有时间每天锻炼一小时的占很大比例，但主动参与体育活动课的比例仍然较低，可见，随迁子女的自主参与意识都有待增强。

第二章　随迁子女体育参与的弱势地位

1　体育活动中的体育消费、运动项目和运动场所

如图 2 - 1 所示，从消费项目来看，用于购买运动服装的人数比例最高。值得注意的是有 31. 5% 的随迁子女没有任何体育消费，这个数字大于 2007 年第三次全国群众体育调查中 28. 3% 的全国平均水平[6]，这可能与一部分学生家庭的经济收入比较低有关。

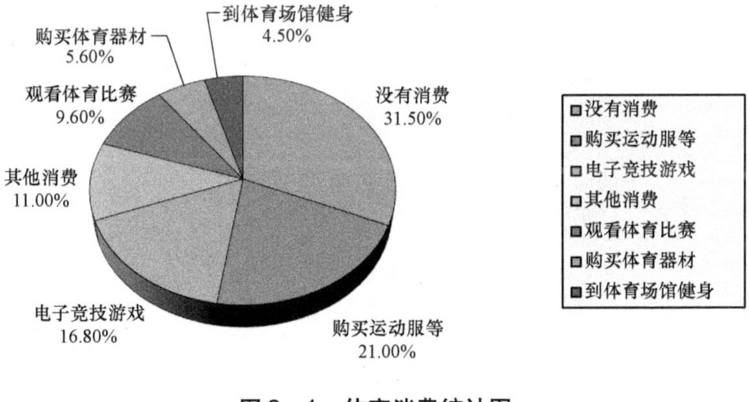

图 2 - 1　体育消费统计图

如图 2－2 所示，随迁子女体育活动项目以消费较少的阳光长跑、广播操和小球为主，所占比例排在前三位；而相对来说需要较高消费水准的游泳和轮滑在随迁子女中较少涉及，所占比例较小。

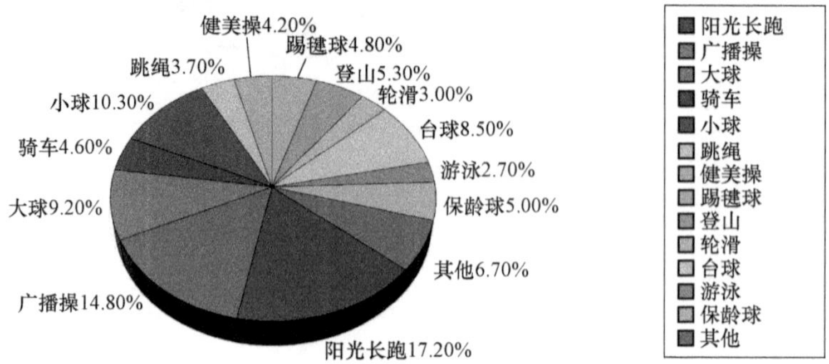

图 2－2　体育项目统计图

如图 2－3 所示，随迁子女体育锻炼的场所以校园内、公园、自家庭院或室内，以及自然环境等不需要体育消费的场所为主。另外，他们较少在住宅小区或健身路径等地进行体育活动。

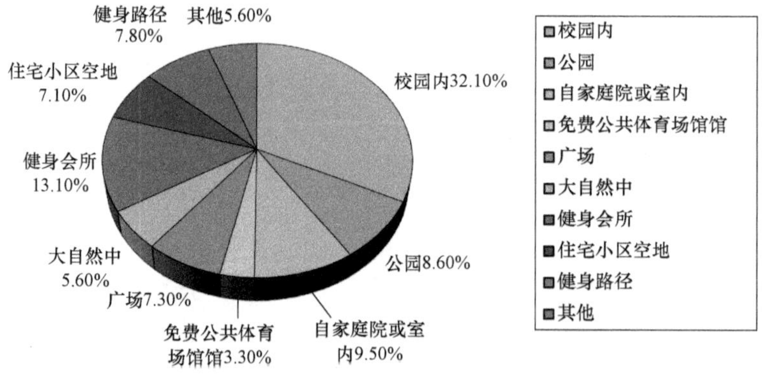

图 2－3　体育场所统计图

可见，随迁子女体育消费水平较低，较少参与高消费运动项目，活动场所以在学校或免费场所为主。

2　户籍、经济条件和体育交往圈中影响力的多重对应分析

多重对应分析（Correspondence Analysis）是基于因子分析基础发展起来的一种多元统计分析方法，也是一种可视化的数据分析方法，它能够将几组看不出任何联系的数据，通过视觉上可以接受的定位图展现出来。如图 2－4，随迁子女的户籍、经济条件和体育交往圈中的影响力的相关关系为：①在第一象限，“外省农村”“经济比较差”“影响力比较小”正相关；②在第二象限，“本市城镇”“经济条件非常好”“影响力非常大”正相关；③在第三象限，“外省城镇”“经济比较好”“影响力比较大”正相关；④在第四象限，“本市农村”“经济条件一般”“影响力一般”正相关。

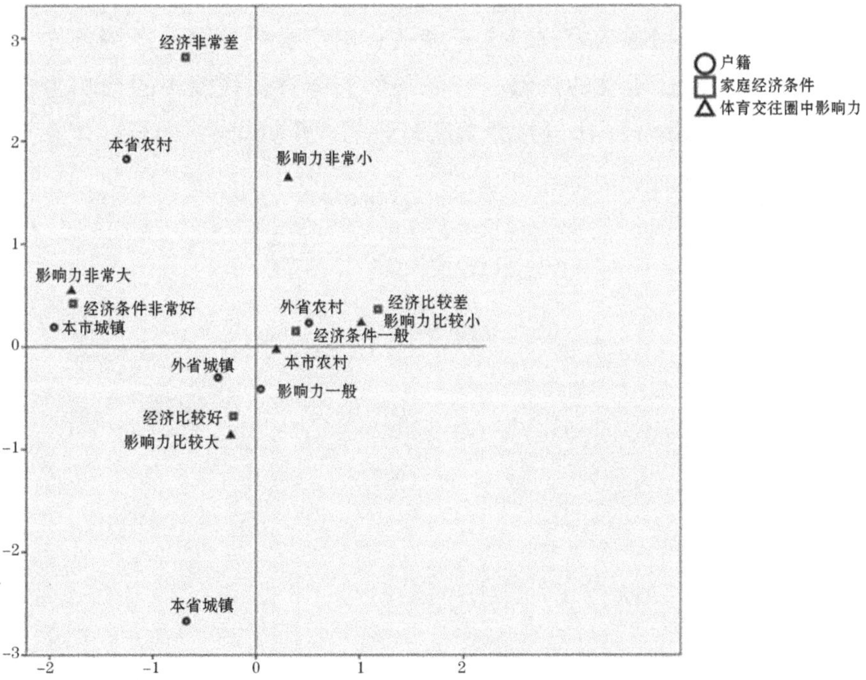

图 2－4　户籍、经济条件和体育交往圈中影响力多重对应统计图

3 随迁子女体育中的社会阶层特征

社会排斥常常与弱势群体、流动、贫困、剥夺、不平等、歧视等概念与话语相关。社会排斥与社会分层有紧密的联系[11]。社会分层理论有马克思主义学派和韦伯学派之分。马克思从生产资料的占有上划分阶级（阶层）；韦伯以财富、声望和权力划分阶层[12]。无论以哪种学派为依据，从体育消费、活动场所和参与形式上都能反映出参与群体的阶层地位。随迁子女体育消费水平较低，象征较高阶层地位的运动项目参与较少，活动场所以学校和免费场所为主。较高声望和消费水平高的体育项目将随迁子女排斥在外。另外，本研究对随迁子女的户籍、家庭经济条件和个人在体育交往圈中的影响力做了多重对应分析，以三个变量间的对应关系来考察该群体体育参与与社会分层的关系。外省农村、经济比较差和影响力比较小正相关；本市城镇户籍、经济条件非常好和影响力非常大正相关；外省城镇户籍、经济比较好和影响力比较大正相关；本市农村户籍、经济条件一般和影响力一般正相关。随迁子女的户籍、经济条件和体育交往圈中的影响力也呈现正相关关系，这一现象验证了法国社会学家布迪厄（Bourdieu，1984）体育与社会分层及其社会区格的理论[13]。

第三章　随迁子女体育中的社会交往

1　体育社会交往的一般特征

如图3－1，随迁子女参与体育活动重要的两个目的是“认识新朋友”和“增进友谊”。可见，随迁子女看中运动中的友谊与人际关系，而运动友谊和人际关系是社会资本中嵌入性资源的基础。如果体育运动能成为随迁子女认识新朋友和增进友谊的有效载体，那么体育运动对于随迁子女扩展人脉、更好地融入当地社会具有重要意义。

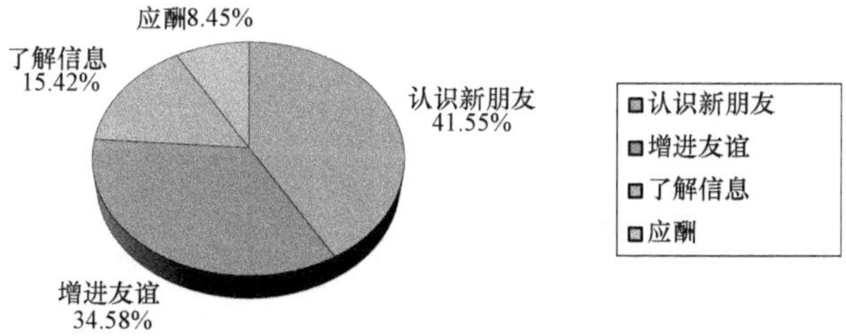

图3－1　体育运动目的统计图

随迁子女比较愿意或非常愿意与本地同学一起参与体育运动（图3－2）。在体育心理学中，学者在解释身体活动产生积极心理效益的原因时，有一个“社会交往假说”。它认为，身体活动中与朋友的社会交往是令人愉快的，具有促进心理健康的作用[7]。随迁子女愿意与本地同学一起参与体育运动，这将有助于促进心理健康和社会交往。因此，组织体育运动需要从学生的需要出发，尽可能通过体育增加学生彼此交往的机会。

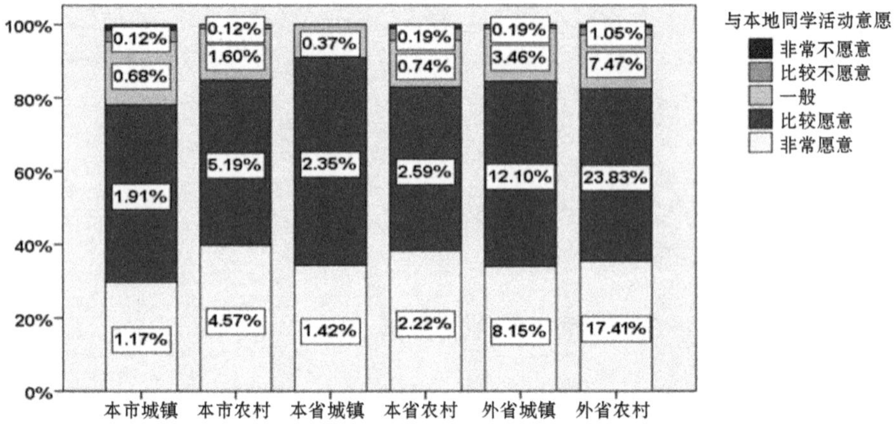

图3－2　随迁子女与本市同学活动意愿统计图

如图3－3，随迁子女参与学校、同学或朋友组织的体育运动最多，参与社会志愿者组织的体育运动也占一定比重。目前全国有许多关心随迁子女的慈善组织或志愿者组织，他们经常深入社区，在课余时间组织体育等课外活动，丰富随迁子女的业余生活。

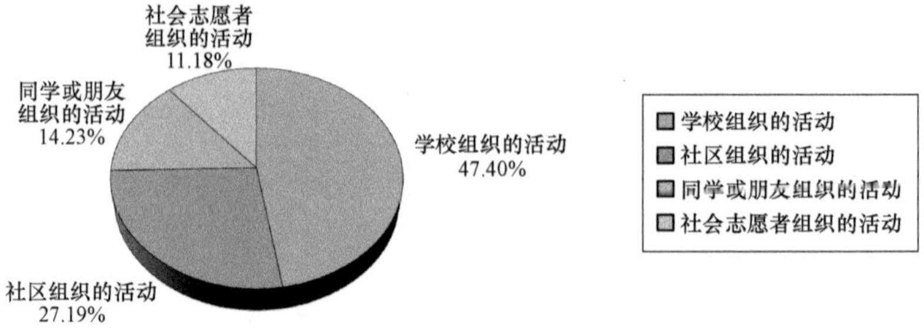

图3－3　体育运动的组织形式

2　体育社会交往中的嵌入性资源

林南（1999）认为内嵌于社会网络中的资源是行为人在采取行动时能够获取和使用的资源[8]。博特（Burt，1997）社会关系的“结构洞”理论也认为运用人际间的“镶嵌关系”有助于达到个人社会资源与财富的创造[9]。本研究中的嵌入性资源存在于体育的伙伴群体中，这种资源同林南强调的两个重要方面一致：①它内嵌于社会关系中而非个人所有；②获取和使用这种社会资源的个人存在于网络中。网络嵌入性理论是社会网络研究的重要理论基础，它包括社会网络、嵌入性和社会资本三个理论内涵，其中，嵌入性是网络中社会行为和社会关系的表现形式[10]。本研究调查的表现嵌入性资源的社会关系形式有“体育运动中的伙伴关系”、“体育活动中与本市同学的关系”以及“体育伙伴群体中的共同熟人圈”；表现嵌入性资源的社会行为形式有“体育群体中的亲密话题”和“体育群体中的亲密行为”。

2.1　嵌入性资源中社会关系的表现形式

“伙伴关系”是特指与哪些人进行体育活动，包括亲属关系、好朋友关系、普通朋友关系和认识的人4种关系。随迁子女超过80%是与自己的好朋友或普通朋友共同进行体育运动，即随迁子女通过体育结成的群体的关系强度较高。调查显示，随迁子女与处于弱关系连带的认识的人共同运动的只占3.87%（图3－4）。

如图3－5所示，随迁子女在体育运动中“与大部分同学关系融洽，同时，也有相当部分的同学与本市同学没有什么来往，表明随迁子女大部分与同学有较好的人际关系，但仍然需要加强同学间的互动。

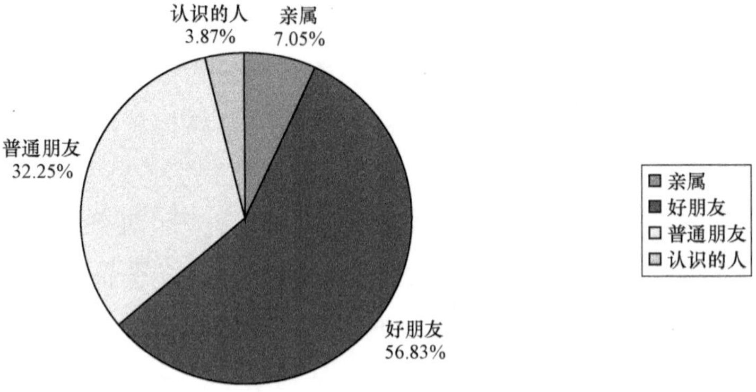

图3－4　体育运动中的伙伴关系统计图

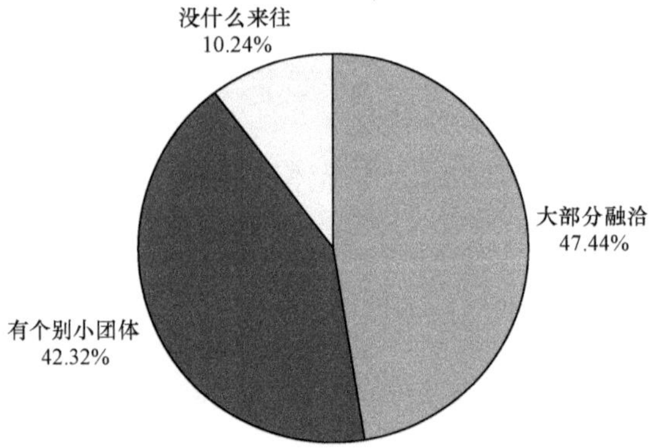

图3－5　体育运动中与本市同学关系统计图

该部分我们意图调查体育伙伴群体中的共同熟人圈，这种共同熟人圈可以视为随迁子女通过体育建构起的社会交往网络。调查结果表明，随迁子女的体育群体中没有共同认识的人排在最后一位；共同认识好几群人，而且十分熟悉的排在第三位；共同认识一群人，但都不太熟悉，排在第二位；共同认识一群人，而且十分熟悉，排在第一位。可见，在体育群体中，有超过八成的随迁子女通过体育运动共同认识了一群人或好几群人，这些人当中十分熟悉的占 55.57%，不太熟悉的占 29.41%。

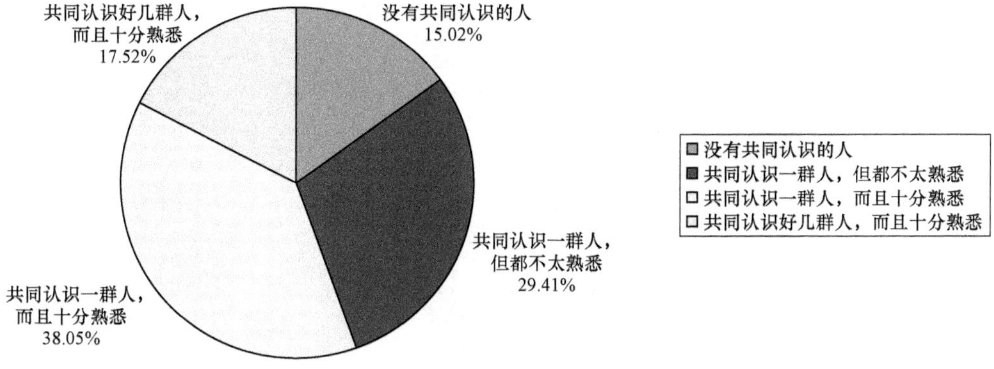

图 3－6　伙伴群体中的共同熟人圈统计图

2.2　嵌入性资源中社会行为的表现形式

随迁子女体育群体中亲密话题的排列顺序为：影视娱乐信息，学习话题，共同的兴趣爱好，天气，个人私事（如健康状况、家庭情况），新闻时事，共同认识的人（如我喜欢谁、不喜欢谁），学习和生活计划，私人情感话题，异性话题（图 3－7）。可见，在体育群体中，随迁子女间话题涉及学习生活的多个层面，话题既包括普通的兴趣爱好，也涉及个人的私人情感。

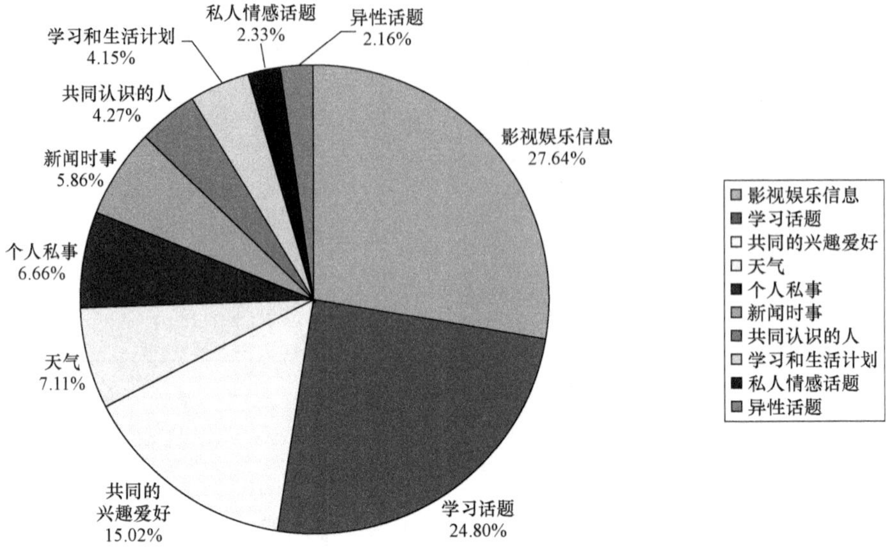

图 3－7　亲密话题统计图

如图 3－8 所示，随迁子女体育群体中亲密话题的排列顺序为：私下一起去做些娱乐活动；会一起参加一些群体活动；除了体育活动，我们没有其他接触；中午一起吃午餐；会介绍自己的朋友给对方，并一起从事休闲活动；节假日会一起聚餐；会借钱给对方；我有重大困难，他会牺牲自己重大利益主动来帮忙；我可以住在他（她）家；会对我做人处事提出规劝的意见。可见，在体育群体中，随迁子女间亲密行为涉及学习生活的多个层面，既有普通关系层面的一起吃午饭，也涉及较为密切的关系层面的借钱给对方和提出规劝意见等。

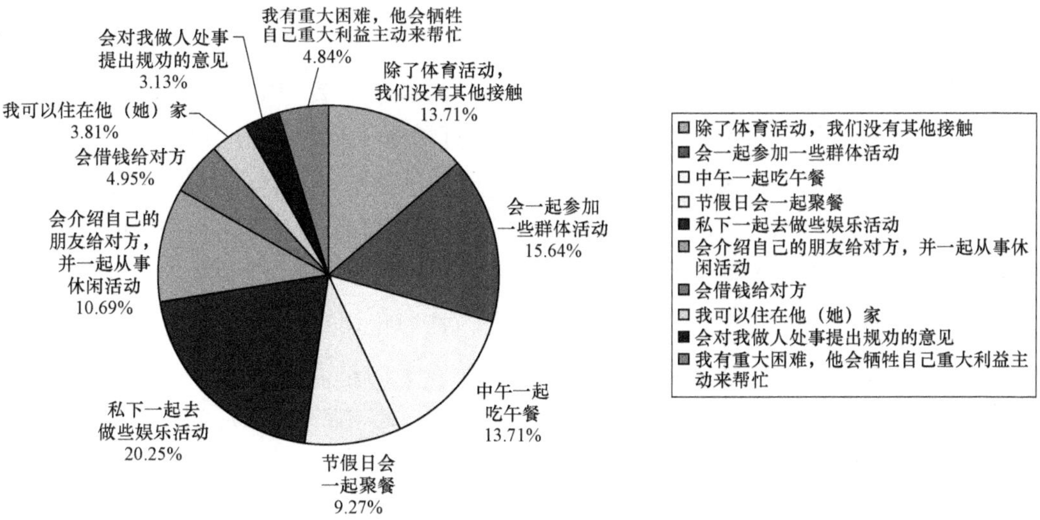

图3－8　亲密行为统计图

3　随迁子女体育中的社会交往

在随迁子女个人中心网的社会调查中发现：从参与目的上看，他们希望通过参与体育运动来“认识新朋友”和“增进友谊”；从参与形式的意愿上看，他们绝大多数“愿意与伙伴一起参与体育运动”；从伙伴群体的强弱关系上看，他们大多数与自己有强关系的好朋友或普通朋友一起参与体育活动。可见，随迁子女通过体育运动确实会形成特殊的社会网络。所谓社会网络，从广义来看，泛指所有社会联系、社会交往、人际互动等；从狭义来看，是以血缘、地缘、业缘为基础发展形成的人际关系结构，以实现利益和感情交换为目的。体育社会网主要由同属学生的同辈群体组成，伙伴间的联系可以通过彼此间的亲密话题和亲密行为得以表现。体育的伙伴群体之间除了在一起运动，还在生活和情感上有许多交流和互动。

随迁子女个体可以在体育社会网中获得情感和行为支持。随迁子女间的话题和社会行为涉及学习生活的多个层面。话题既包括普通的兴趣爱好，也涉及个人的私人情感。随迁子女间亲密行为既有普通关系层面的一起吃午饭，也涉及较为密切的关系层面的借钱给对方和提出规劝意见等。台湾学者黄光国先生在《中国人的权力游戏》中认为，人际关系的类型可以由其中所含的情感性行为与工具性行为之比例来划分。以情感性成分为主时，人际关系表现为“情感性关系”，通常这种关系发生在个人和家人之间；以工具性成分为主时，人际关系表现为“工具性关系”，通常这种关系发生在个人与陌生人之间；当两种成分比例相当时，人际关系表现为“混合性关系”[14]。上述这三种关系分别与“需求法则”、“人情法则”和“公平法则”对应。其中，情感性关系是一种稳定而持久的社会关系。体育社会网中，随迁子女与伙伴建立的关系，主要是为了满足关爱、温情、安全感和归属感等感情方面的需要，这种关系主要是靠需要法则来维持和发展的。

4 结论

（1）人口统计学对随迁子女的体育参与具有预测作用。表现为随迁子女体育活动频次变化与地缘、性别和户籍有关，自主锻炼意识与户籍和地缘有关。

（2）随迁子女体育参与的弱势地位仍然明显，多重对应分析表明，随迁子女体育参与中户籍、经济条件和体育交往圈中的影响力呈现正向对应关系。

（3）随迁子女体育交往中拥有特殊的网络结构和嵌入性资源。随迁子女体育社会网结构以强关系的同质性群体为主，弱关系的社会联结较少；体育中的人际交往涉及学习和生活中的人际互动。

参考文献

[1] 杨希，孔祥娜．教育部发布《2012 年全国教育事业发展统计公报》[J]．陕西教育：高教版，2013(10)：32.

[2] Harris J R. Where is the child's environment? A group socialization theory of development [J]. Psychology Review, 1995, 102(3): 458 – 489.

[3] Lyras A, Welty P J. Integrating sport – for – development theory and praxis [J]. Sport Management Review, 2011, 14(4): 311 – 326.

[4] 孙中芹，赵溢洋，王清玉，等．城市农民工子女体育社会资本的结构：经验数据的探索与验

证[J]. 天津体育学院学报,2014,29(3):241 - 246.

[5] 赵溢洋,陈蕾. 体育运动的社会和人力资本功能对随迁子女城市融入的影响——共变关系的调节与远端中介效应[J]. 体育科学,2014,34(4):18 - 29.

[6] 田野. 2007 年中国城乡居民参加体育锻炼现状调查情况介绍[EB/OL]. http://www. chinasfa. net/Default. aspx.

[7] 张力为,毛志雄. 运动心理学[M]. 北京:高等教育出版社,2009:377.

[8] Lin N. Building a network theory of social capital[J]. Connections,1999,22(1):28 - 51.

[9] Burt S. A note on social capital and network content[J]. Ronald Social Networks,1997,19(6):355 - 373.

[10] 符平. "嵌入性":两种取向及其分歧[J]. 社会学研究,2009(5):141 - 164.

[11] 陈纪. 少数民族流动人口问题:社会排斥的视角[J]. 云南民族大学学报(哲学社会科学版),2014,31(1):83 - 88.

[12] 张文宏,雷开春. 城市新移民社会认同的结构模型[J]. 社会学研究,2009(4):61 - 87.

[13] Bourdieu P. Distinction:A social critique of the judgement of taste[M]. MA:Harvard University Press,1984.

[14] 黄光国. 中国人的权力游戏[M]. 台北:巨流图书公司,1991.

第二编

随迁子女体育运动与社会适应的社会学分析

第四章 体育与社会资本研究的西方基础与本土化探索

内容提要：采用文献资料和知识图谱分析法，以体育与社会资本文献为研究对象，分析西方的研究基础和中国的热点前沿，讨论中西方研究的异同，探索本土化研究的突破方向。结果显示：①西方的奠基性研究关注体育建构与维持的社会资本，关系纽带联结和资源嵌入性解释了其中的作用机制；②CiteSpace 的聚类标识、突现率和新颖性统计，探明了中国的研究热点和前沿；③中西方的研究都追求体育社会资本的社会效益，中国体育社会资本的要素因根植于“关系取向”和“伦理本位”的文化特质区别于西方；④中国的“关系”理论是体育社会资本本土化研究的重要创新点。为体育社会资本本土化研究提供参考。

关键词：社会资本；体育；西方；本土化；基础；创新

社会资本的核心内容涉及社会网络、信任、规范和价值。无论是从个人获取资源的工具性角度，还是从民族、社会、国家动员公共参与的角度，社会资本研究都具有重要的理论意义和实践价值。体育与社会资本的研究发轫于西方，中国的相关研究才刚刚起步，从理论到应用都有待深入研究。本研究的目的是厘清中西方体育与社会资本的研究基础、热点与前沿，比较中西方研究的异同，提出中国本土化的研究方向。

1　社会资本理论简述

19 世纪关于社会资本的论述是当代研究的重要参照：①经典政治经济学中，马克思的“社会资本再生产”强调产品、劳动力和生产关系等生产要素的互为条件与辩证统一，马歇尔经济学原理中的社会资本指全国性基础设施等物质资产。[1] ②社会学中，社会资本继承了 4 个理论来源，即迪尔凯姆团体内的道德与契约、马克思的阶级认同与动员、齐美尔的人际互惠以及韦伯的强制性信任，这是社会资本结构中的道德、社会关系、互惠和信任的理论渊源。③政治学中，托克维尔认为社群组织的黏合作用可重振公民精神，是培养政治性集体行动的途径，即社会资本强调公民参与和公民精神。[2]

当代社会资本理论在不同学科间仍有不同的界定与应用：①经济学中，20 世纪 60 年代以后，资本含义突破了资金或物质资本的局限。在与人力资本、文化资本等概念的比较与应用中，经合组织（2001）对社会资本的界定为“网络以及共享的规范、价值观念和理解，它能促进群体内部或群体之间的合作”[3]。②社会学中，它是格兰诺维特（Granovette，1973）强调的人际间的“强关系”或“弱关系”[4]；是布迪厄（Bourdieu，1986）强调的真实或潜在资源的总和，涉及社会阶层的网络关系[5]；也是科尔曼（Coleman，1988）强调的责任、期望与有效惩罚[6]。③在政治学中，普特南（Putnam，1993）从民主运转的角度强调公民参与对政治建设的重要意义，认为社会资本涉及集体层次的网络、规范以及社会信任。许多社会和政治问题只通过个体行动或国家干预都不容易解决，而通过社区组织，依靠群体信任却可以使问题得到解决。[7] ④管理学中，社会资本是一组规范、网络与组织，是获取权力与资源，进行决策或制定政策的有效途径（Woolcock，2000）[8]。

综合的观点认为，社会资本来自于社会关系，包括社会关系网络、社会信任和社会规范与价值（Van Deth，2003）[9]，如图 4 – 1 所示。这种观点综合了社会资本的来源、功能及其结果，社会资本能够通过对人际关系的协调、对互动能力与合作潜力的开发来增加资本收益，提高经济和社会效率。

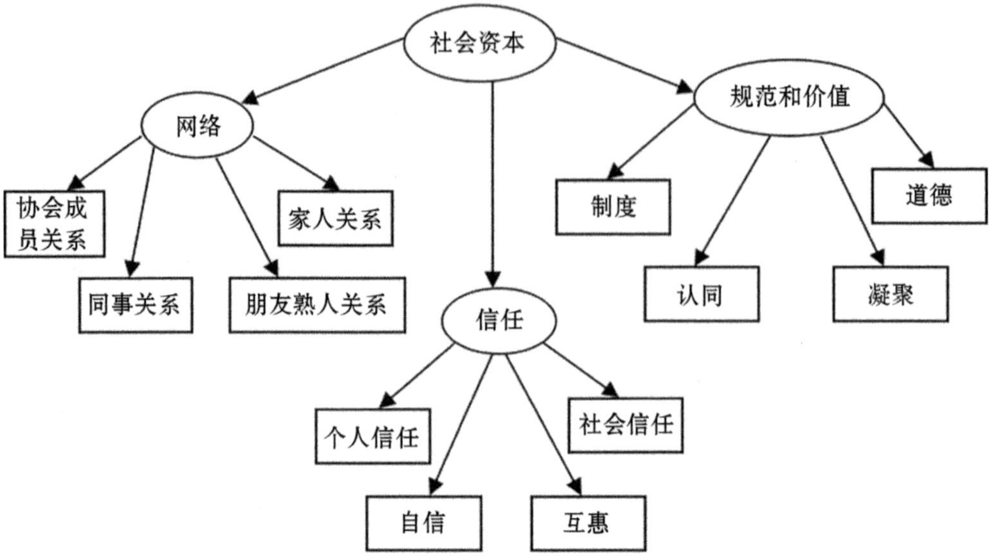

图 4－1　社会资本的概念体系示意图

2　西方体育与社会资本研究

社会资本可解释的体育现象涵盖较大的范围。检索 SDOL（Science Direct Online）全文数据库，在人文社会科学栏目（Social Sciences and Humanities）高级检索中，以社会资本（Social Capital）为检索词，检索到 11 693 篇文献，其中以体育（Sport/ Physical Activity）为主题进一步在结果中检索到 436 篇文献，其中期刊 374 篇，专著 62 部。检索结果整体呈上升趋势，从 1987 年的 1 篇，发展到 2008 年的 61 篇，2013 年的 55 篇（图 4－2）。

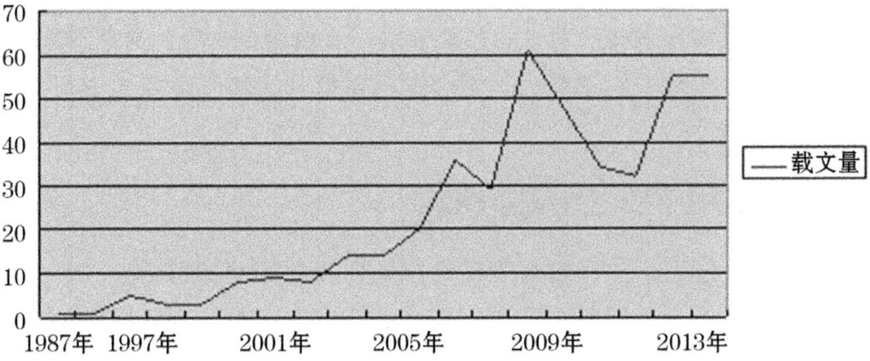

图4-2　西方体育与社会资本研究发文量统计图

社会资本研究可以分三个层次：①微观“嵌入自我”的观点，关注个体能获取资源的人际网络，研究个体关系的构建与资源的利用；②中观“结构”的观点，认为社会资本存在于社会结构的要素中，表现为特定网络的结构化以及群体或社区内外的义务、期望、规范和惩罚；③宏观“嵌入结构”的观点，认为社会资本包含在政治、经济和文化体系中，其功能有助于社会行动的协调和社会效率的提升（布朗，2000；郑杭生，奂平清，2003）[10,11]。秉承社会学中社会资本研究的层次结构，体育运动有助于在微观、中观和宏观层面建构和维持社会资本。

2.1　体育与个人的社会资本积累

社会资本的一个重要预测指标是广泛参与社会生活——政治选举、志愿活动、参加社团组织等。体育运动可以发展社会关系、促成广泛的公民参与、建立社会信任和互惠。德兰尼和基尼（Delaney & Keaney，2005）的实证研究显示，体育参与水平高的群体表现出较高的政治参与意愿、生活幸福感和较多的社会交往频率[12]。贾维（Jarvie，2003）的研究则强调体育无论是在思想理念还是在社会规范水平上都扮演着重要的角色，体育群体中嵌入关系网络的资源能为社会生活的诸多层面带来帮助：促进个人参与广泛的社会生活，提升普遍信任水平，发展个人技能，培养领导能力，维持社会网络，促进“弱关系”的发展等[13]。体育的社会资本在社会学意义上，能增加个体间的社会交往与合作，有助于获得社会支持，并促进社会行为的培养；在体育经济学意义上，求职信息、就业机会和工作技能的提高也可以通过体育志愿活动中的社会资本而有所增益；在体育管理学意义上，体育情景中的领导行为、沟通能力、运动友谊质量和情绪管理等方面可从社会资本中获得积极效益。[14]

2.2 体育与社区的社会资本积累

在中观的社区层面，体育参与能促进社区内和社区间的群体交往，进而促进社区社会资本的提升，促进社区发展；体育参与还对教育、城市贫困、失业、控制犯罪和滥用毒品以及公共卫生的发展具有重要影响。

学者发现，有着积极、良好公民参与的社区群体更容易获得事业和社会生活方面的成功（Putnam，1995）[15]。体育活动拥有沟通分离社区文化障碍的潜力，经由社区体育活动生成的社会资本有助于社区建设（Blackshaw & Long，2005）[16]。体育能为处于不同群体和社会网络中的成员架起共建社会资本的桥梁，因为体育可以培育社区内和社区间新的友谊和社会联结，这些社会联结能增加社会信任、互惠和规范（Tonts，2005）[17]，如图 4－3 所示。中观层上，除了体育社会学效益，社会资本在体育经济学和体育管理学领域中也得以广泛应用。相对于强调正式规范和科层制权力结构的泰勒主义，后福特主义组织管理更看重创新、信任和信息分享。因此，在体育用品革新、智力资本产能、跨职能团队绩效、供应商关系等方面，社会资本所具有的网络互动形式和合作能力可提升组织管理的有效性。斯派伊和韦斯特比克（Spaaij & Westerbeek，2010）研究了耐克公司的典型案例：耐克公司的企业既要对股东负责，又需要为社会公益而努力，如赞助“露宿者世界杯”（由“国际街头报纸网络组织”发起，组织世界各地无家可归的流浪者参赛，并提供街头报业工作）。这种通过企业社会责任建立起来的社会资本，对露宿者和耐克公司是一种双赢。体育企业在履行社会责任、获取社会资本和提升企业治理水平间有着良性的互动。[18]

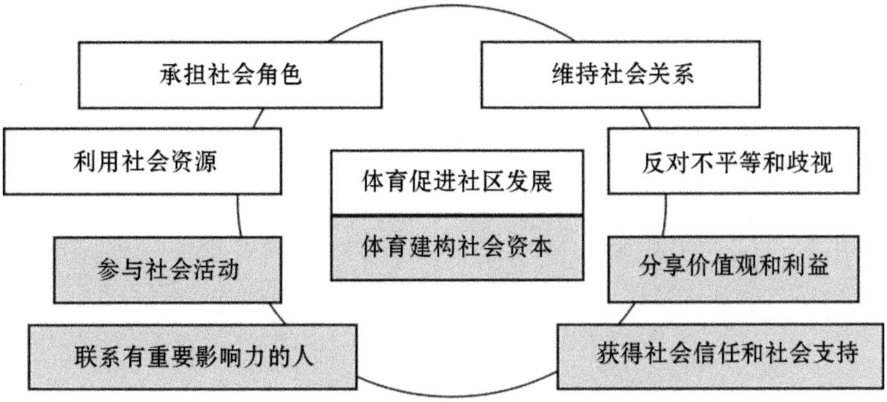

图 4－3　体育促进社区社会资本示意图

2.3　体育与社会总体的社会资本积累

宏观层面社会资本总是与公民社会、多元主义、治理与善治等关键词紧密相联[19]。体育作为一种文化载体，也能为社会的善治提供重要的支撑。西方社会，常利用体育政策来促进社会融入。英国的“体育锻炼中央委员会”（Central Council of Physical Recreation，2002）的研究报告《人人共赢：体育与社会融入》（*Everybody Wins*：*Sport and Social Inclusion*）[20]，以及“欧洲委员会”（European Commission，2007）发布的《体育白皮书》（*White Paper on Sport*）[21]，都涉及体育运动能提升社会资本，是促进移民社会融入的重要载体。当社会人群呈现多元化或者处于社会剧烈变迁中，政府为提高认同和凝聚力更有可能涉足体育。政府制定体育政策，旨在鼓励没有归属感的群体参与体育运动，其目的是希望体育可以用来创造凝聚力和归属感。体育还可以用来强调与主导政治意识形态相一致的价值取向。政府参与体育也是为了在公民中宣扬主流价值和思想，如图 4－4 所示。公民社会、新自由主义经济、自组织管理等都涉及宏观层次的社会资本理论[22]，体育与社会资本理论的结合将价值观、文化、历史和道德规范纳入了分析框架，使体育经济学、体育社会学、体育管理学发展的内在解释机制得以拓展。

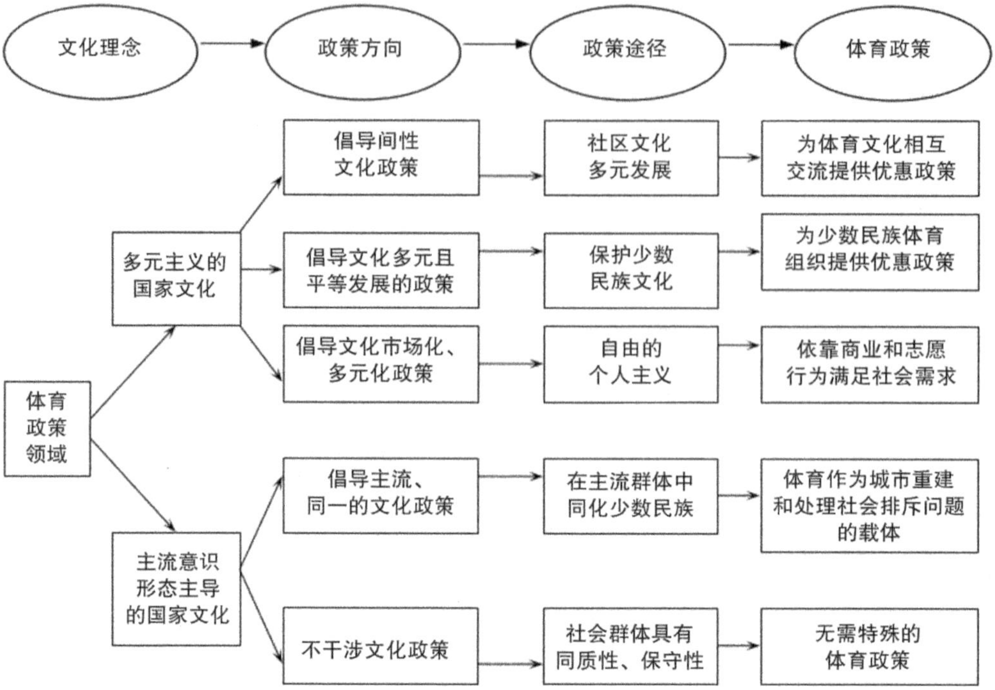

图 4-4　体育政策导向示意图

2.4　体育与社会资本积累的作用机制及负面影响

无论在微观、中观还是宏观层次上，体育运动通过两种作用机制来创造社会资本，一种是关系纽带联结机制，另一种是网络资源嵌入机制。

在关系纽带联结机制中，各种以体育运动为中介联结起的社会关系，促使体育社会资本的各个元素（网络、信任、规范和价值等）相互作用，并发挥个人以及社会效益上的功能。关系纽带的类型可分为：

2.4.1　正式和非正式（Formal and Informal）关系纽带

正式关系纽带是在正式组织中形成的，如正式的体育俱乐部或协会中的社会关系；非正式关系纽带是在非正式场合的聚会中形成的，例如休闲体育中队友、同伴间的关系纽带（Stempel，2005）[23]。

2.4.2　紧密型和桥接型（Bounding and Bridging）关系纽带

紧密型指个人与家庭成员或其他关系紧密的人之间的联系纽带，桥接型指个人与不同群体中的人之间较弱一些的联系纽带。普特南（Putnam，2000）[24]对紧密型社会资本和桥接型社会资本进行了区分，认为紧密型社会资本创造和积累群体内部忠诚，群体外的个人或群体可能是“敌对”的，具有排斥性；而桥接型社会资本则包括群体间的信任，可以形成群体间的认同和互惠。

在网络资源嵌入机制中，各种体育社会资本元素相互作用并发挥功能的过程源于获取嵌入性稀缺资源的动力。嵌入在体育社会网络中的潜在资源包括知识、信息、影响力、认同和声望等。社会资本可以定义为维持或有意建构的一种关系资源，这种关系资源是嵌入诸如体育协会（俱乐部）中的，用来实现特定目标。嵌入的网络资源有内向型和外向型（Inward－looking and Outward－looking），内向型网络资源，如私人高尔夫球俱乐部中的成员，倾向于促进群体内部成员经济、社会或政治利益的提升；外向型网络资源，如体育志愿组织，则倾向于促进体育公共福利和效益（Perks，2007）[25]。

需要特别说明的是，尽管通过关系纽带联结和网络资源嵌入机制，使体育与社会资本的积累过程得以实现，但这一过程也存在一定的消极影响。波茨（Portes，1996）[26]曾提出了社会资本的四个消极后果：①排斥圈外人；②对团体成员要求过多，阻碍了其成功与发展；③限制人的自由，成员必须服从社群或者团体的规范和要求；④用规范消除秀异之人。与社会资本积极正面的功能相反，体育运动也确实存在不平等的社会现象和不同群体间的社会排斥。许多体育俱乐部或体育团队内部成员间多是强联系，他们排斥群体外的“其他人”。此外，由于社会分层的缘故，人们在经济、人力和文化资本上的差异客观存在，这也导致了体育领域内的社会排斥现象。

3　中国体育与社会资本研究

不同于西方社会资本研究有章可循的学术现状，我国的体育理论工作者在使用社会资本时呈现纷繁复杂的状态，较难清晰地梳理出研究层次和脉络。本研究利用知识图谱分析软件 CiteSpace 统计与分析以“体育”和“社会资本”为主题文献的研究热点和前沿，并以可视化的方式呈现。

本研究统计了 CNKI 数据库 2000—2013 年 6 月以“体育”和“社会资本”为主题的文献共 141 篇（包括期刊 66 篇、硕博论文 63 篇和重要会议文章 12 篇），全部纳入分析范围。

3.1　中国体育与社会资本研究的关键词共现分析

应用 CiteSpace 软件对关键词网络进行聚类分析。本研究关键词共现网络的聚类分析选取标准为（c，cc，ccv；2，2，20），聚类组合性（Modularity）值为 0.59（标准范围在 0.4 ~ 0.8 之间），说明网络图谱的模块性较好；平均聚类轮廓值（Silhouette）为 0.87（标准范围在 0.7 ~ 0.9 之间），说明聚类内的关键词有内在联系，主题明确（Chen，Ibekwe – San & Hou，2010）[27]。网络图谱包含 90 个节点（关键词），75 条连线，节点间关系强度范围在 0.29 ~ 1.0 之间，如图 4 – 5 所示。

关键词共现网络出现了 8 个聚类，其中“体育教学与训练”“中国足球”“体育场域”3 组关键词聚类没有与其他研究直接相连，是彼此独立的。而围绕着社会资本形成了 5 个彼此连接的关键词共现聚类：①以“体育产业”“边际效应”“体育场馆”“体育用品企业”“求职”“人力资本”主线构成的关于体育经济领域的研究。②以“侨乡”“乡镇体育”“体育管理”“社会体育”为主线构成的关于晋江侨乡体育社会资源的研究。③以“社会关系网络”“体育服务”“乡镇居民”为主线构成的关于体育公共服务的研究。④以“个人捐助”“个案分析”“竞技体育”为主线构成的关于职业体育发展的研究。⑤以“社会网络”“问卷调查法”“体育参与”“社会分层”为主线构成的体育开展现状的研究。

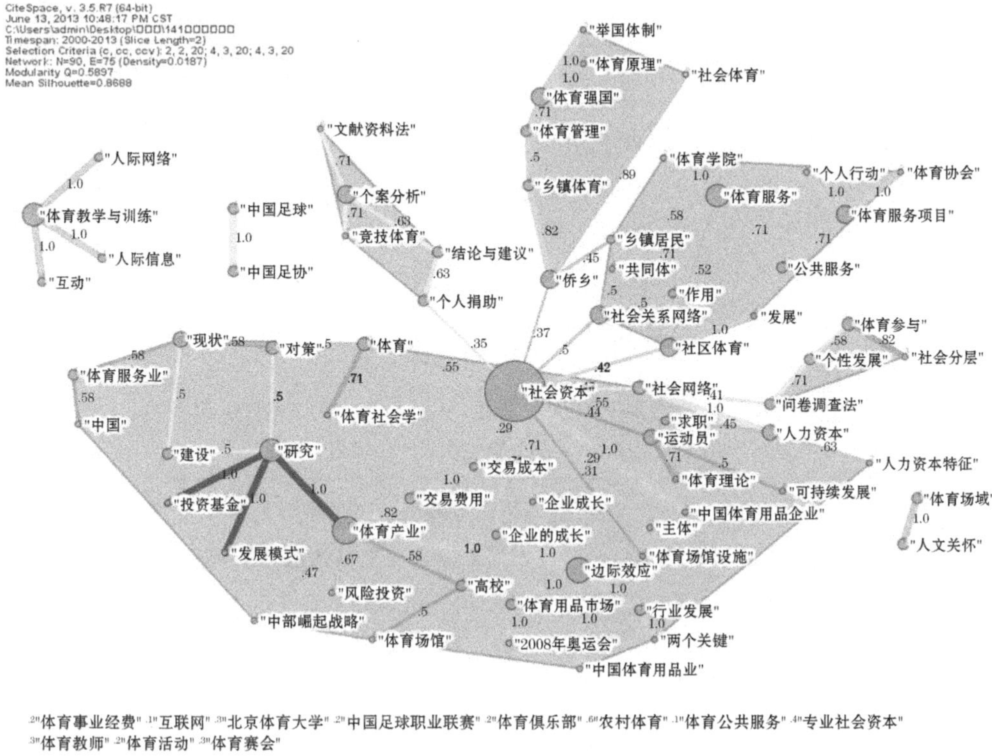

图 4－5 关键词网络聚类分析图

3.2 中国体育与社会资本研究热点

进一步挖掘围绕社会资本关键词的数据共现网络，基于 TF × IDF 标识、LLR 标识、MI 标识算法，CiteSpace 给出了最大的 3 个聚类摘要信息，如表 4－1 所示。

表4-1 体育社会资本主要聚类摘要表

节点数目	Silhouete值	TF×IDF标识	LLR标识	MI标识	引用均年
36	0.94	(11.91)“体育产业”	“中国体育用品企业”	“社会资本”“投资基金”“发展模式”“利益相关者共同治理”“交易费用”“职业体育”“经济与社会”“俱乐部”“交易成本”“社会价值”	2006
12	0.88	(11.11)“公共服务”	“社区体育服务”	“乡镇居民”“公共精神”“社会资本”“体育服务”“本质因素”“公益服务”“实践依据”“生活化”	2004
7	0.82	(7.03)“侨乡”	“乡镇体育管理”	“晋江”“社会资本”“体育组织”“社会体育”	2008

注：聚类轮廓（Silhouette）值代表关键词有内在联系，通常需要大于0.7；TF×IDF（Term Frequency by Inverted Document Frequency）代表词汇频率与文献频率的乘积；LLR（Log-likelihood Ratio）代表对数似然比；MI（Mutual Information）代表交互信息。

包含关键词最多的3个聚类中，分别包括36个、12个和7个关键词，聚类轮廓均大于0.70，聚类主题明确。通过词汇频率与文献频率的乘积算法（TF×IDF）探索，表明3个研究主题分别是关于“体育产业”、“公共服务”和“侨乡”的，对数似然比（LLR）标识词“中国体育用品企业”“社区体育服务”“乡镇体育管理”进一步阐述了该领域的研究重点。交互信息（MI）标识通过较为丰富的关键词进一步说明了该领域涉及的具体研究内容。

结合CiteSpace给出的高频次和高中心性的关键词，可以发现该领域的研究热点聚焦在体育产业领域（聚类类别为1，相关关键词中心性介于0.16~0.78之间）、社区体育公共服务领域（聚类类别为2，相关关键词中心性介于0.12~0.15之间）、乡镇体育管理领域（聚类类别为3，关键词“侨乡”中心性为0.20），如表4-2所示。

表 4－2　高频次和高中心性的关键词摘要表

频次	关键词/均年	聚类	中心性	关键词/均年	聚类
91	“社会资本”/2002	1	0.78	“社会资本”/2002	1
18	“体育产业”/2000	1	0.21	“边际效应”/2002	1
15	“社区体育”/2004	2	0.20	“侨乡”/2006	3
11	“侨乡”/2006	3	0.18	“企业成长”/2002	1
9	“社会体育”/2006	3	0.16	“体育产业”/2000	1
9	“人力资本”/2006	1	0.15	“体育服务”/2004	2
8	“体育场馆”/2009	1	0.15	“社会关系网络”/2010	2
8	“公共服务”/2010	2	0.12	“社区体育”/2004	2

从研读提取出热点关键词的文献中可以发现，在体育产业领域，社会资本的研究热点包括三方面内容：①“社会资金”和“社会财力”说，这些研究紧贴体育经济学研究的主旋律，其目的旨在利用体育吸引社会资金为社会建设服务（卢晓梅，2000[28]；赵旭芳，2007[29]；任慧，李春雷，2011[30]；肖淑红，付群，雷厉2012[31]）。社会资本（资金）为体育产业多元化发展提供了可能，社会资本被寄予推动体育产业发展的厚望。②职业体育中“社会声望”和“无形资产”说，认为社会资本可以促进运动员的个人发展，并影响其职业生涯（徐延辉，张美生，陈阳，2006[32]；董伦红，张得保，2007[33]；徐延辉，陈阳，2007[34]；邓春林，2009[35]；陈玉军，2012[36]）。这类研究建议开发运动员的社会价值，这种社会价值源于运动员社会声望或无形资产。③企业关系网络说，认为能够为企业带来利益的社会关系网络可以称之为企业社会资本，体育用品企业的发展需要积累社会资本（易剑东，2002[37]；周超群，易剑东，2003[38]）。实际上，“社会资金与财力”的界定是继承了古典经济学资金或物质资本的渊源，“社会声望”和“无形资产”的界定则暗含布迪厄等学者资本中“人力资本”、“文化资本”和“符号资本”的含义，而“企业关系网络”则对应了社会主义市场经济条件下，能为体育企业带来利益的一种发展方式，以及主张创新、信息分享的管理模式。总体来说，这三方面的界定都在强调资本的属性，其中“社会”突出了社会资本产生、作用

和结果的社会性（非物质性）的特征。

社区体育领域，社会资本的研究热点包括：①社区体育社会资本的功能，认为社区体育社会资本能促进组织发展，促进社会和谐（张剑利，靳厚忠，徐金尧，2007[39]；黎纯，2009[40]）；②体育社会资本的获取途径，着重讨论体育社会资本的积累过程，包括构建组织网络、依靠体育公共服务等（刘艳丽，苗大培，2005[41]；仇军，杨涛[42]）。无论是从功能的角度还是从体育公共服务的角度，这些研究的核心理念围绕着网络、信任、规范、组织和志愿服务展开，实际上更多的是侧重对西方体育与社会资本的引用、诠释和借鉴，强调体育社会学效益，关注通过体育建构的社会关系以及人与人的互动。

乡镇体育管理领域，社会资本研究热点是：区域社会关系与地方体育管理的问题，认为侨乡体育社会资本是以侨乡为基础，能够给群体带来相关体育资源、信息、社会支持等利益的社会关系网络（许月云，许红峰，叶建芬，2006[43]；许月云，刘刚，许红峰等，2006[44]）。在这种体育管理学语境里，强调的是其中的资源交换、工作绩效和组织间合作。

3.3 中国体育与社会资本研究前沿

突现词（Burst Terms）指突变、突发、剧增，是在较短时间内增长率提升明显的术语。CiteSpace 中，突现（Burst）可以看作是研究前沿的“脚印”，而新颖性 Sigma 值则是关键词新颖性的量度（Chen，Chen，Horowitz，et al.，2009[45]）。

CiteSpace 给出了突现率和新颖性较高的关键词，如表 4－3 所示，呈现的研究前沿是：①体育产业领域的企业成长和发展仍然为研究前沿，已有研究明确阐明了“普遍的社会信任”与“体育企业发展”之间相关（刘河旺，刘明昌，朱黎明，2011[46]）。②围绕“乡镇体育”“公共服务”“体育管理”“社区体育”的研究前沿，实际上在讨论通过体育获取网络资源的能力问题，而这种能力不是永恒不变的，它存在于各种组织与关系的动态变化中，乡镇体育社会资本的重要来源需要依靠公共体育服务（许月云，许红峰，戴维红，2007[47]；许月云，许红峰，黄志杰，2008[48]）。③体育社会网络结构的现状调查是另一个前沿，测量的指标包括信任互助、体育活动开展、体育活动参与、体育凝聚力、关系网络等（郭铜樑，任波，2012[49]）。

表4－3　关键词突变率和新颖性摘要表

突现率（burst）	关键词	聚类	新颖性（sigma）	关键词	聚类
5.58	“体育产业”	1	13.75	“社会资本”	1
4.73	“企业的成长”	1	2.28	“体育产业”	1
4.69	“侨乡”	2	1.92	“侨乡”	2
4.68	“体育场馆”	1	1.64	“体育管理”	1
4.53	“社会资本”	1	1.57	“乡镇体育”	1
3.55	“社区体育”	3	1.53	“体育服务”	3
3.49	“体育服务”	3	1.50	“社会网络”	1
3.26	“体育管理”	3	1.47	“社区体育”	3
3.26	“高校”	1	1.43	“问卷调查法”	3
3.25	“共同体”	3	1.34	“公共服务”	3

4　中西方体育与社会资本研究的异同

西方社会资本具有“人际关系纽带的弱联带性、承载功能的单一性、偶发义务性”的特征（Nahapiet & Ghoshal1，1998）[50]。与此相比较，中国社会的社会资本人际网络具有“强关系性、义务频发性和功能复用性”的特征（边燕杰，张磊，2013）[51]。

中西方在体育与社会资本的研究中都关注通过体育建构和维持的关系网络及嵌入其中的资源，涉及的核心内容有信任、规范和价值等。研究表明，体育与社会资本具有潜在的相关关系，体育参与有助于在微观、中观和宏观层面建构社会资本并发挥社会资本的积极功能，如表4－4所示。

表4－4　体育社会资本功能一览表

结构层次	体育社会资本功能
微观层面——体育参与有助于个人建构社会资本（个人与个人、个人与群体的关系）	（1）通过体育活动促进个人参与广泛的社会生活：愿意参与志愿活动、加入某团体协会等； （2）通过体育活动发展个人技能：培养领导能力、团队精神以及积极性、组织性和自律性等； （3）通过体育活动保持和拓展个人的社会关系：个人与家人、邻里、社区领导等的关系，构建和促进“弱关系”的发展； （4）对个人就业、健康、安全的贡献
中观层面——体育参与有助于社区群体建构社会资本（社区与社区、群体与群体的关系）	（1）通过体育活动促进社区内和社区间的群体交往：激发社区间的社会互动，丰富社区参与的活动形式，建构和保持社区的社会支持行为； （2）通过体育活动促进和谐社区的建设：降低犯罪率，减少药物滥用，促进健康，增加就业； （3）通过体育商业组织追求利润或附加的社会责任目标
宏观层面——体育参与有助于社会总体社会资本的提升（意识形态、文化制度的导向）	（1）通过体育促进社会融入，反对社会排斥； （2）通过体育促进“公民社会”建设； （3）通过体育促进社会的多元文化主义发展； （4）通过体育促进经济发展

体育参与中的社会网络、社会信任、共享的社会规范以及社会价值等社会资本要素的要素特征存在中西方差异：①就社会网络来讲，西方的社会网络结构类型多样，建构在成员身份平等基础上，网络功能往往具有比较具体、单纯的特征。而在中国的社会网络中多为根深蒂固的家庭型、关系型网络，内部身份结构复杂、边界封闭，网络功能具有全能性的特征。通过体育建构起的社会网络也会存在结构类型、成员组成、决策方式、网络功能不同等特征。②信任方式上，西方属于普遍信任的社会，而中国则是特殊主义的信任。在中国社会，人际关系的亲疏远近对人们之间的信任程度影响很大，也就是费孝通先生所讲的“差序格局”。在中

国社会中，体育群体中的社会信任不可避免地会因为人情、人缘、民间权威、民间互动等区别于西方体育群体中的社会信任。③就共享的规范来说，西方的规范较为明确，内容包括合作、互惠等，对所有成员具有同样的普遍约束力。而在亲疏远近有别的中国社会文化情境中，规范的协调有较为复杂的人情因素，具有模糊性、灵活性和变通性。体育运动中互动的频率、情感密度、熟识或相互信任的程度、互惠交换都会因社会文化的差异而有所不同。④社会价值取向上，中国体育社会资本的研究更多面向群体、社区或者社会每一个成员所共同拥有的，为所有成员的公共利益服务。西方体育社会资本研究则更多地面向个人，为个人利益服务。也就是说，中国更关注社会所有成员的体育参与，着重于各种社团和社区的体育活动，注重公民体育意识的培养，寄希望于促成更广泛的社会凝聚力。

5 体育与社会资本本土化研究的突破点

社会资本强调社会交往和沟通，强调网络、信任、规范和价值，与中国文化中的关系取向、伦理本位的理念有高度契合性，中国传统文化和当下社会结构的特殊性，为体育社会资本本土化研究提供了特殊动力。中国的“关系”理论是体育社会资本本土化研究的重要创新点。

（1）通过体育建构人际关系、获取工具性资源时，需要结合中国关系取向、伦理本位的社会文化。社会资本概念尽管是当代西方社会学的典型议题，但基于中国社会的“差序格局论”（费孝通，1998）[52]、“伦理本位论”（梁漱溟，2005）[53]、“情境中心论”（许烺光，1990）[54]、“社会取向论”（杨国枢，2012）[55]等关系理论，以及熟人社会“面子”“人情”等的文化习俗而形成的特色研究，对体育与社会资本的本土化有着特殊的意义。

（2）体育社会资本研究需要进一步深化和拓展。体育与社会资本本土研究影响体育资源的配置、体育企业的成长以及群体或个体社会生活中文化资本和人力的创造。体育社会资本研究的范围应该进一步扩大，在中国当下的社会背景中，社会资本意味着打破垄断、扩大开放、公平准入、鼓励竞争。从体育经济的繁荣、体育企业关系网，到体育举国体制的改革，直到蕴含民族精神的传统体育文化的弘扬都为体育社会资本研究提供了广阔空间。

6 结 论

西方奠基性的研究认为，体育运动有助于建构人际网络、培养社会参与意识与行为、促成社会认同和凝聚力的生成；体育参与还具有限制社会排斥、促进社会融入等功能；而这些积极的社会功能又是社会资本形成和积累的有效途径。体育与社会资本积累的作用机制可总结为关系纽带联结机制和网络资源嵌入机制。尽管“体育生产的社会资本是积极的还是消极的”讨论仍在继续，但大多数的研究仍然支持体育与社会资本间的正向关系。

通过聚类分析，结合高频次和高中心性关键词分析，探明了中国研究热点聚焦在体育产业、社区体育和乡镇体育管理领域。社会资本在不同学科中有不同界定，体育经济学语境强调社会资本的资本属性，把概念延伸到任何可产生价值的资源；体育社会学语境强调其社会关系及人与人的互动；体育管理学语境强调公民体育参与、体育资源交换、工作绩效和组织间合作。通过关键词突现率和新颖性统计，探明信任与体育企业发展，社区体育社会资本获取途径，以及体育社会网络结构的测量等议题是当前的研究前沿。

中西方体育社会资本的功能作用是同位的，在个体、群体和社会总体上具有政治、经济和文化效益。而构成体育社会资本的要素特征，如体育网络的结构、关系强度、信任方式等，因中国根植于“关系取向”和“伦理本位”的文化特质区别于西方。

中国传统文化和当下社会结构的特殊性，为体育社会资本本土化研究提供了特殊动力，中国的“关系”理论是体育社会资本本土化研究的重要创新点。

参考文献

[1]马歇尔．经济学原理[M]．北京:商务印书馆,1997.

[2]杨雪冬．社会资本:对一种新解释范式的探索[J]．马克思主义与现实,1999,31(2):51-59.

[3]Healy T,Cté S. The Well-Being of Nations:The Role of Human and Social Capital. Education and Skills[R]. Organisation for Economic Cooperation and Development,2001.

[4]Granovetter M. The Strength of Weak Ties[J]. American Journal of Sociology,1973,78(6):1360-1380.

[5]Bourdieu P. The Forms of Capital[C]. //In J. Richardson(eds.). Handbook of Theory and Research for the Sociology of Education. New York:Greenwood,1986:241-258.

[6]Coleman J S. Social capital in the creation of human capital[J]. American Journal of Sociology,1988,94(supplement):95-120.

[7]Putnam R D. The prosperous community:social capital and public life[J]. The American Prospect,1993,13(1):35-42.

[8]Woolcock M,Narayan D. Social capital:Implications for development theory,research,and policy[J]. The world bank research observer,2000,15(2):225-249.

[9]Van Deth J W. Measuring social capital:orthodoxies and continuing controversies [J]. International Journal of Social Research Methodology,2003,6(1):79-92.

[10]布朗．社会资本理论综述[C]. //李惠斌,杨雪冬．社会资本与社会发展．北京:社会科学文献出版社,2000:77-100.

[11]郑杭生,奂平清．社会资本概念的意义及研究中存在的问题[J]．学术界,2003(6):78-90.

[12]Delaney L,Keaney E. Sport and Social Capital in the United Kingdom:Statistical Evidence from National and International Survey Data[R]. London:IPPR,2005:1-42.

[13]Jarvie G. Communitarianism,sport and social capital[J]. International Review for the Sociology of Sport,2003,38(2):139-153.

[14]Smith A C T,Westerbeek H M. Sport as a Vehicle for Deploying Corporate Social Responsibility[J]. Journal of Corporate Citizenship,2007,25(1):43-54.

[15]Putnam R. Bowling Alone:America's Declining Social Capital[J]. Journal of Democracy,1995,6(1):65-78.

[16] Blackshaw T, Long J. What's the Big Idea? A Critical Exploration of the Concept of Social Capital and its Incorporation into Leisure Policy Discourse[J]. Leisure Studies, 2005, 24(3): 239 – 258.

[17] Tonts M. Competitive sport and social capital in rural Australia[J]. Journal of Rural Studies, 2005, 21(2): 137 – 149.

[18] Spaaij R, Westerbeek H. Sport business and social capital: a contradiction in terms[J]. Sport in Society, 2010, 13(9): 1356 – 1373.

[19] 何君安. 社会资本理论若干问题的再探讨[J]. 西北大学学报, 2007, 37(4): 125 – 129.

[20] Central Council of Physical Recreation. Everybody Wins: Sport and Social Inclusion [R]. London: Central Council of Physical Recreation, 2002: 2 – 16.

[21] European Commission. White Paper on Sport[R]. Luxembourg: Office for Official Publications of the European Communities, 2007: 2 – 20.

[22] 姚伟. 新自由主义经济模式与新社会运动——一种社会资本视角的宏观分析[J]. 社会观察, 2004(9): 58.

[23] Stempel C. Adult participation sports as cultural capital[J]. International Review for the Sociology of Sport, 2005, 40(4): 411 – 432.

[24] Putnam R D. Bowling Alone: The collapse and revival of American community[M]. New York: Simon and Schuster, 2000: 1 – 540.

[25] Perks T. Does sport foster social capital? The contribution of sport to a lifestyle of commu? nity participation[J]. Sociology of Sport Journal, 2007, 24(4): 378 – 401.

[26] Portes A, LANDOLT P. The Downside of Social Capital[J]. American Prospect, 1996, 26(3): 18 – 22.

[27] Chen C, Ibekwe – San J F, Hou J. The Structure and Dynamics of Co – Citation Clusters: A Multiple – Perspective Co – Citation Analysis[J]. Journal of the American Society for Information Science and Technology, 2010, 61(7): 1386 – 1409.

[28] 卢晓梅. 我国体育产业投资基金发展模式研究[D]. 北京: 北京体育大学, 2000: 1 – 113.

[29] 赵旭芳. 我国体育产业风险投资研究[D]. 广州: 广州大学, 2007: 1 – 49.

[30] 仕慧, 李春雷. 我国休闲体育产业价值链构造及延伸路径研究[J]. 天津体育学院学报, 2011, 26(1): 15 – 18.

[31] 肖淑红, 付群, 雷厉. 大型体育场馆融资模式分类及特征研究[J]. 北京体育大学学报, 2012, 35(6): 14 – 18.

[32] 徐延辉, 张美生, 陈阳. 社会资本在辽宁省运动员成长过程中的作用研究[J]. 中国体育

科技,2006,42(1):3－7.

[33]董伦红,张得保．论竞技运动员人力资本与产权价值[J]．武汉体育学院学报,2007,41(10):33－36.

[34]徐延辉,陈阳．运动员职业声望的社会学分析[J]．北京体育大学学报,2007,30(6):763－765.

[35]邓春林．运动员商业活动的制度空间[J]．体育学刊,2009,16(8):18－23.

[36]陈玉军．先赋性社会资本与职业获得——以运动员职业机会获得为例[C].//中国体育科学学会．第四届中国体育博士高层论坛论文摘要集．北京:中国体育科学学会,2012:1.

[37]易剑东．社会资本与当代中国体育用品企业成长[D]．北京:北京体育大学,2002:1－103.

[38]周超群,易剑东．论中国体育用品行业发展的两个关键问题[J]．体育文化导刊,2003(11):15－16.

[39]张剑利,靳厚忠,徐金尧．社区体育资本与和谐社会[J]．武汉体育学院学报,2007,41(8):6－11.

[40]黎纯．社区体育:居民培育社会资本的平台[D]．长沙:中南大学,2009:1－62.

[41]刘艳丽,苗大培．社会资本与社区体育公共服务[J]．体育学刊,2005,12(3):126－128.

[42]仇军,杨涛．体育与社会资本研究述评[J]．体育学刊,2012,19(5):14－21.

[43]许月云,许红峰,叶建芬．侨乡泉州体育场地经济成分特征研究[J]．中国体育科技,2006,42(2):132－136.

[44]许月云,刘刚,许红峰,等．侨缘社会资本对侨乡社会体育发展的功效研究[J]．北京体育大学学报,2006,29(10):1327－1329.

[45]Chen C,Chen Y,Horowitz M,et al. Towards an explanatory and computational theory of scientific discovery[J]. Journal of Informetrics,2009,3(3):191－209.

[46]刘河旺,刘明昌,朱黎明．基于企业社会资本的体育用品制造业产业集群发展战略研究[J]．成都体育学院学报,2011,37(5):54－58.

[47]许月云,许红峰,戴维红,等．新农村建设中农民体育健身工程建设与发展策略[J]．北京体育大学学报,2007,30(11):1475－1477.

[48]许月云,许红峰,黄志杰．侨乡晋江乡镇体育的组织与管理特征[J]．武汉体育学院学报,2008,42(8):26－31.

[49]郭铜樑,任波．社区体育社会资本测量的实证研究[J]．体育研究与教育,2012,27(5):30－32.

[50] Nahapiet J, Ghoshal S. Social Capital, Intellectual Capital, and the Organizational Advantage [J]. Academy of Management Review, 1998, 23(2): 242 - 266.

[51]边燕杰,张磊. 论关系文化与关系社会资本[J]. 人文杂志,2013(1):107 - 113.

[52]费孝通. 乡土中国生育制度[M]. 北京:北京大学出版社,1998:36,169,335.

[53]梁漱溟. 中国文化要义[M]. 上海:上海人民出版社,2005:1 - 278.

[54]许烺光. 宗族·种姓·俱乐部[M]. 北京:华夏出版社,1990:1 - 281.

[55]杨国枢. 中国人的心理[M]. 北京:中国人民大学出版社,2012:1 - 27.

第五章　随迁子女体育社会资本的结构：经验数据的探索与验证

内容提要：社会资本是移民社会融入研究中的重要概念，为探讨城市随迁子女通过体育运动积累的社会资本的结构，对社会调查数据进行了探索和验证性因素分析，并利用结构方程模型讨论了结构效度和共同方法偏差。研究结果表明：社会信任、社会规范、社会凝聚和社会适应4个构念组成了城市随迁子女体育社会资本的结构维度，4个维度结构具有较佳的聚合效度和区分效度，共同方法偏差未对研究结果造成严重影响。社会信任、社会规范、社会凝聚和社会适应4个构念共同预测了城市随迁子女的体育社会资本，这种社会资本因城市随迁子女社会网络结构及其嵌入性资源的特殊性而区别于其他群体的体育社会资本。

城市随迁子女融入城市社会的学术研究关注身心发展、关心社会适应、追求社会公平与人文关怀。截至2012年，义务教育阶段的城市随迁子女已达1 393.87万人[1]，能否通过同伴间的体育运动促进他们的社会交往、增加社会资本、提高社会适应水平是本文的研究动机。社会资本的核心内容涉及人际网络、信任和规范，是移民社会融入研究中的重要概念[2]。城市随迁子女的社会和文化资源相对贫乏，“外来人”的尴尬和“在别处”的迷茫通常会导致该群体边缘性的再生产。解决城市随迁子女城市生活适应问题的对策有增加社会资本、促进社会支持网络的建立等[3]。测量城市随迁子女的体育社会资本结构意义重要，它通过经验数据解释了体育运动助益该群体社会资本积累的原因，同时，它也丰富了弱势青少年群体体育参与的应用价值。

1 理论基础与研究假设

当代社会资本研究源于西方：从格兰诺维特（Granovette）“弱关系的力量”，到布迪厄（Bourdieu）社会阶层中虚拟或真实的资源，再到科尔曼（Coleman）的责任、期望、惩罚，普特南（Putnam）的网络、规范、信任，直至博特（Burt）结构洞中的镶嵌关系，福山（Fukuyama）的社会信任，以及林南（Lin Nan）的社会网络资源[4]，无论个体、群体或组织，社会资本都源自人际间的社会关系。它包括网络、信任、互惠和规范等，具有建构社会认同和维护群体成员利益的社会功能。运动参与在体育社会学的结构功能论中被视为具有发展社会关系、凝聚社会团结、建立社会信任和培养互惠行为的功能，而这些功能与外来移民社会融入所强调的社会资本具有高度的契合性。体育运动、社会资本与城市社会融入间存在相互促进的正向关系[5]。

社会资本的一个重要预测指标是广泛参与社会生活，而体育参与水平高的群体表现出较强的政治参与意愿、生活幸福感和较多的社会交往频率。体育群体中嵌入关系网络的资源能为社会生活的诸多层面带来帮助，如促进个人参与社会公共事务、发展“弱关系的人际纽带”等。[6]依据人际间的弱关系理论和体育运动在人际交往中的建构作用，提出：

假设 H_1：弱关系的社会联结是城市随迁子女体育社会资本的一个结构要素

体育运动不仅可以建立起相互联结的关系网络，还有普遍性的信任和互惠行为发生。体育运动中的合作与互惠能培养出人际间的信任。信任是关系管理的核心，对于建立和维持双方的社会互动发挥着重要的作用。体育群体内部的信任是人与人合作的黏合剂，信任的程度越高，其合作与分享行为也越多，进而有利于共享更多的稀缺社会资源。[7]依据社会资本中的信任理论以及体育在社区信任中的建设作用，提出：

假设 H_2：社会信任是城市随迁子女体育社会资本的一个结构要素

参与群体性体育运动的个人也拥有较强的物质与情感支持，体育参与可以让社会支持的作用明显呈现。对于友谊和快乐分享的需求促使人们参与群体性体育运动，其中的支持网络能提供情绪性、工具性以及信息性的支持，创造更多的沟通机会，提高幸福感。[8]依据社会网络和社会支持的理论，以及体育参与中呈现的社会支持现象，提出：

假设 H_3：社会支持是城市随迁子女体育社会资本的一个结构要素

规范为体育团队提供了价值和行为标准，对体育团队的正常运行起重要作用。由于规范内化、社会认同以及共同目标的作用，体育群体成员会按照群体价值规范和行为准则行动。体育所发挥的社会规范作用对降低青少年犯罪、减少药物滥用以及培养积极性、组织性和自律性等都有积极影响。[9]依据社会资本与社会规范的理论，以及体育在社会规训和自律上的功能，提出：

假设 H_4：社会规范是城市随迁子女体育社会资本的一个结构要素

体育群体或团队的凝聚力分为两种：任务凝聚力和社会凝聚力。任务凝聚力表现为群体成员为追求共同目标而共同努力行动；社会凝聚力则表现为成员彼此吸引，愿意结成一个群体共同参与社会活动。彼此认同的群体成员在特质上通常具有相似性，容易相互吸引、顺畅沟通并建立好感，形成较强的社会凝聚力。内部成员对于各自认同的群体的评价明显优于其他群体，并认为群体内的成员较其他群体外成员更为优秀。[10]依据社会资本中社会凝聚力的论述，以及体育在社会凝聚力上的研究经验，提出：

假设 H_5：社会凝聚是城市随迁子女体育社会资本的一个结构要素

体育运动还可以发展青少年在团队中担任社会角色的技能，如领导行为、团队合作以及培养沟通能力、增加与就业相关的技能等[11]。青少年运动友谊质量的研究也表明体育参与对孤独、焦虑、自卑等负面情绪具有缓冲和调节作用，有助于促进身心健康和社会适应能力的发展[12]。依据社会资本中可获取社会资源的理论，以及体育行为与社会适应上的积极效益，提出：

假设 H_6：社会适应是城市随迁子女体育社会资本的一个结构要素

综合而言，本研究要探索和验证图 5－1 的研究假设关系。

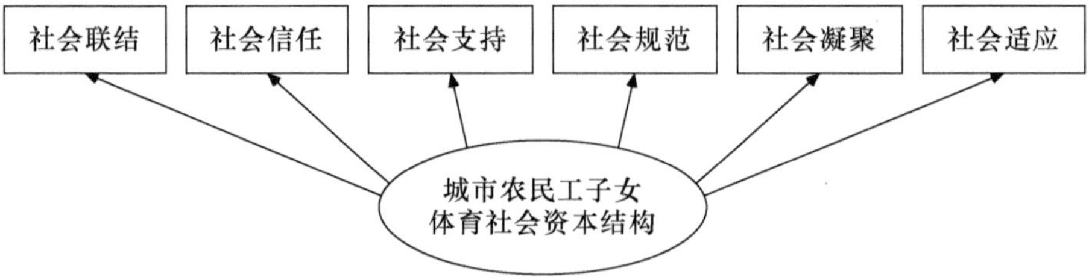

图 5－1　研究假设示意图

2　研究方法

本研究运用定量的社会学方法，包括：①依据研究假设，采用结构性访谈和专家评判的途径建立测量题目库；②对测量题目库进行预试和项目分析；③对研究主题进行大样本探索性分析，建构与整合假设的理论结构；④对研究主题进行另案大样本的验证性因素分析，检验建构的理论结构，利用结构方程模型检验结构效度和共同方法偏差对研究结果的影响。

2.1　被试与数据采集

如表 5－1 所示，针对研究假设的操作化结构，本研究采用结构性访谈和专家效度评判的方法来建立实测工具的题目库，访谈对象包括城市随迁子女和教师样本；专家评判对象包括体育人文社会学博士生导师和博士研究生。另外，采用分层整群抽样的原则，本研究在经济比较发达的北京、济南、长春、西安、武汉、苏州、中山和成都选取城市随迁子女作为研究样本。对济南的样本进行了预试，修订预试后再对其余城市的样本进行正式调查和因素分析。调查的城市选取了我国经济比较发达的大中城市，在现代化程度和文化特质上，这些大中城市具有相似性，且与农村的差异更大。因此，生活在这些大中城市的随迁子女的城市融入水平也更具代表性。正式调查的有效问卷的情况为男生 1 038 人，女生 720 人，平均年龄为（13.23 ± 1.22）岁。调查对象主要来自小学、初中，即义务教育阶段，外来学生群体都可以在所在的城市学校就读。在本研究中，鉴于调查对象的户籍背景、年龄和所在城市规模等因素，认为不同地区的调查数据具有同质性。

表5-1　被试与数据采集情况一览表

结构访谈		专家效度评判		问卷调查					
对象	人数	对象	人数	调查过程	发放（份）	回收（份）	有效问卷（份）	回收率（%）	有效率（%）
随迁子女	113	体育社会学博导	3	预试调查	300	271	267	90.33	98.52
教师	5	体育社会学博士	6	正式调查	2 200	1 976	1 758	89.82	88.97

问卷以Likert 5点量表进行评价，1表示“非常不同意”、2表示“不同意”、3表示“不确定”、4表示“同意”、5表示“非常同意”。在招收随迁子女的公立学校进行调查，采取现场发放、现场填写、现场回收的方式收集资料，其优点是回收率相对较高，同时有利于帮助调查对象澄清疑问。

2.2　研究工具题目库的建立

采用随机整群抽样的方式抽取济南市一所小学和一所中学，在争取校长和教导主任的同意及在班主任老师的配合下，以“关爱城市随迁子女主题班会的形式”讨论城市随迁子女体育运动情境中的“社会联结、信任、支持、规范、凝聚和适应”主题，共有5个班集中了城市随迁子女113人进行集体访谈。在总结教育工作者和城市随迁子女访谈记录的基础上，对每个研究假设列举了6个题目。对构想结构和36个题目咨询了体育人文社会学专家9人，包括体育人文社会学博士生导师3人、博士6人。以上专家学者根据本研究“社会资本”各构面所包括的题项逐一检视，看题项内容是否能真正测出构念所代表的心理或行为特质，以及词句是否适切并提供修正意见。经过反复删改、合并与重组项目，获得30个题项的具有专家效度的“城市随迁子女体育社会资本结构”预试问卷。

2.3　预试调查的项目分析

预试调查的项目分析结果可作为题项筛选的依据。如表5-2所示，通过预试调查的项目分析，“城市随迁子女社会资本结构”测量工具的题项数目由30个减少到21个。

表5-2　预试项目分析摘要表（$N=267$）

题项	极端组比较		题项与总分相关		同质性检验		未达标准指标数
	决断值	题项与总分相关	校正题项与总分相关	题项删除后的α值	共同性	因素负荷量	
a1	5.11	0.36	0.30	0.90	0.07	0.27	4
a2	8.24	0.47	0.38	0.90	0.13	0.36	3
a3	6.65	0.38	0.30	0.91	0.06	0.24	5
a4	7.86	0.48	0.42	0.90	0.14	0.37	2
a5	5.00	0.35	0.29	0.90	0.06	0.23	4
a6~a8	8.71~10.06	0.53~0.57	0.48~0.52	0.90	0.28~0.34	0.53~0.56	0
a9	5.18	0.33	0.44	0.92	0.24	0.49	2
a10	8.05	0.46	0.39	0.90	0.17	0.41	3
a11	5.91	0.41	0.34	0.90	0.12	0.34	3
a12~a13	8.82~9.40	0.53~0.55	0.48~0.50	0.90	0.29	0.54	0
a14	6.21	0.41	0.34	0.90	0.13	0.35	3
a15~a30	7.79~11.63	0.48~0.69	0.44~0.65	0.89~0.90	0.27~0.53	0.52~0.72	0
接受值	≥3.00	≥0.40	≥0.40	≤0.90	≥0.20	≥0.45	

2.4　因素分析、结构效度与共同方法偏差的检验

适切的21个题项纳入大样本正式调查问卷。本研究将全部样本切割为两半（问卷编号的奇数组与偶数组），其中一半样本进行探索性因素分析（剔除填答不全的问卷后，有效问卷数为869份），以对题项进行进一步筛选与信度分析，并探索与整合研究假设中“社会资本”的理论结构；另一半样本则用于验证性因素分析（剔除填答不全的问卷后，有效问卷数为853份），以验证本研究社会资本结构

的适切性。

在验证性因素分析的结构方程模型基础上，利用平均变异萃取量（AVE）检验结构模型的聚合效度，利用巢套模型分析（Nested Model Analysis）来检验结构的区分效度，利用哈门氏单因子测试法和结构方程模型的不可测潜在方法因子检验结构模型的共同方法偏差。

3 研究结果

3.1 城市随迁子女体育社会资本结构的探索性因素分析

“社会资本”量表的21个题项KMO值等于0.92，Bartlett球形检验χ^2值为7098.76，$p<0.05$，表明21个题项有共同因素存在，数据适合进行因素分析。采用主成分分析法抽取共同因素，以最大变异法求旋转因素的负荷矩阵。本研究依据以下标准确定结构因素：特征值大于1，因素解符合陡坡图检验，每个构面内部一致性α值通过同质性检验（>0.70），每个因素至少包含3个题项。经过大样本数据的探索性因素分析，21个题项聚类到4个因素上，共解释了57.63%的变异量，高于50%的最低要求。聚类构面1、2、3、4的内部一致性信度α值均符合判断标准（表5－3）。

表5－3 探索性因素分析结果摘要表（$N=869$）

构面命名	题项		成分			
			1	2	3	4
社会凝聚	a25	我和本地同学可以愉快地分享体育场地与器材	0.77			
	a24	体育运动中出现冲突时，会有本地同学站在我一边	0.77			
	a23	我愿意和本地同学一起参与体育活动	0.76			
	a26	我愿意为体育交往圈组织的活动付出时间和金钱	0.70			
	a22	我在体育交往圈里有家的感觉	0.69			

续表

构面命名	题项		成分			
			1	2	3	4
	a21	我喜欢所在的体育交往圈	068			
	a13	告诉别人我在的体育交往圈，我感到很自豪	0.57			
	a20	如果不得不离开体育交往圈，我会很遗憾	0.56			
社会适应	a28	体育运动增强了我的城市适应能力		0.68		
	a29	体育运动中，我有良好的体育道德		0.60		
	a27	体育运动中，我有合作精神		0.58		
	a30	体育运动中，我善于处理与本地同学的矛盾		0.53		
	a18	体育运动中，我爱护器材设施		0.50		
	a19	体育运动中，我遵守社会公德		0.50		
社会信任	a7	体育交往圈里的本地同学对我是诚实坦白的			0.73	
	a12	体育交往圈里的本地同学不会占我的便宜			0.66	
	a6	一般来说，大多数本地同学会尽量公正地对待我			0.65	
	a8	我愿意向体育交往圈里的本地同学请教问题			0.59	
社会规范	a16	在体育交往中我能理解并运用同伴中的交友规则				0.80
	a17	体育交往圈中团结同伴、尊重他人很重要				0.80
	a15	体育交往圈中诚实守信、知错就改、有责任心很重要				0.55
特征值			3.66	3.58	2.46	2.40
解释变异量（%）			17.44	17.03	11.72	11.44
累积解释变异量（%）			17.44	34.47	46.19	57.63
内部一致性 α 系数			0.87	0.84	0.72	0.76

21 个测量题项可概括为 4 个聚类，类别 1 命名为社会凝聚，类别 2 命名为社会适应，类别 3 命名为社会信任，类别 4 命名为社会规范因素；需要说明的是，研究假设中的弱关系的社会联结构面和社会支持构面的题项要么没通过预试检验，要么被萃取到了其他构面当中。

3.2　城市随迁子女体育社会资本结构的验证性因素分析

该部分的研究目的是，采用结构方程中的验证性因素分析方法，验证城市随迁子女体育运动所积累的社会资本的结构。经前文的探索性因素分析，城市随迁子女体育运动生成的社会资本中共抽出 4 个共同因素，为了验证在探索性因素分析中得到的因素结构是否与实际数据适配，我们以大样本调查的另一半数据来进行验证（$N=853$）。

如图 5－2 所示，一阶验证性因素分析模型中发现一阶因素构念间有高度的关联程度，且一阶验证性因素分析模型与样本数据可以匹配。本研究进一步假定 4 个一阶因素构念在测量更高一阶的因素构念，即原先的一阶因素构念均受到一个较高阶潜在特质的影响，也就是说城市随迁子女体育积累的社会资本作为高阶结构

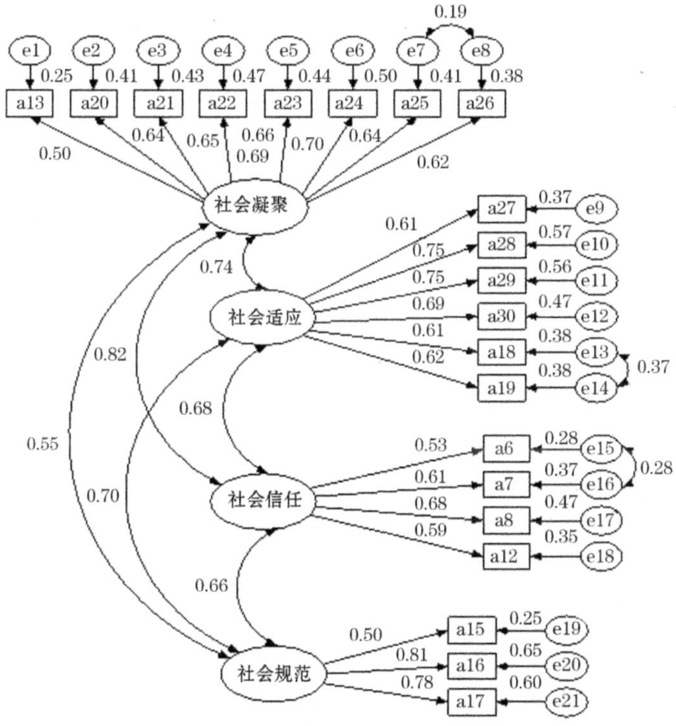

图 5－2　体育社会资本一阶结构路径图

可以解释所有的4个一阶因素构念[13]，如图5－3所示。经检验，城市随迁子女体育社会资本结构与实际调查数据拟合良好，适配指标达到验证性因素分析可接受的标准，表示实际数据与概念结构可以契合（表5－4）。也就是说，城市随迁子女体育积累的社会资本的4个因素结构在经验数据的验证性因素分析中都得到了支持——分别是社会凝聚、社会适应、社会信任和社会规范。城市随迁子女通过体育运动积累的社会资本不可直接测得，作为一个潜在变量，它通过4个结构因素间接地得以表达。其中城市随迁子女体育积累的社会资本与各结构构面的路径系数在0.73～0.89之间，社会凝聚、社会适应、社会信任、社会规范分别解释了社会资本76%、72%、78%和53%的变异量。各个结构构面与21个测量指标间的路径系数在0.49～0.81之间，测量误差项 *e*7 与 *e*8、*e*13 与 *e*14、*e*15 与 *e*16 并非是完全独立的，它们之间存在误差共变，两两间相关系数是0.18、0.38和0.28。

表5－4　验证性因素分析整体拟合情况一览表（N=853）

	绝对适配度指数					增值适配度指数		简约适配度指数		
	χ^2	*df*	χ^2/df	*GFI*	*RMSEA*	*TLI*	*CFI*	*PNFI*	*PGFI*	*CN*
一阶模型	764.61	180	4.25	0.92	0.06	0.91	093	0.77	0.71	254
二阶模型	822.62	181	4.55	0.91	0.07	0.90	0.91	0.76	0.71	237
接受域			<5	>0.90	<0.08	>0.90	>0.90	>0.50	>0.50	>200

3.3　城市随迁子女体育社会资本结构的聚合效度和区别效度

所谓聚合效度（convergent validity）是测量构念间具有高度相关性。聚合效度的检验通常利用平均变异萃取量（Average Variance Extracted，AVE），其值所代表的是指标变项能测得多少潜在变项的百分比，若指标变项被潜在变项解释的百分比越高，相对的测量误差就越小。福内尔和拉克尔（Fornell & Larcker，1981）建议AVE值须大于0.50才具有聚合效度[14]；而本研究中社会凝聚、社会适应、社会信任、社会规范的AVE值分别为76%、72%、78%和53%（图5－3），符合聚合效度标准。

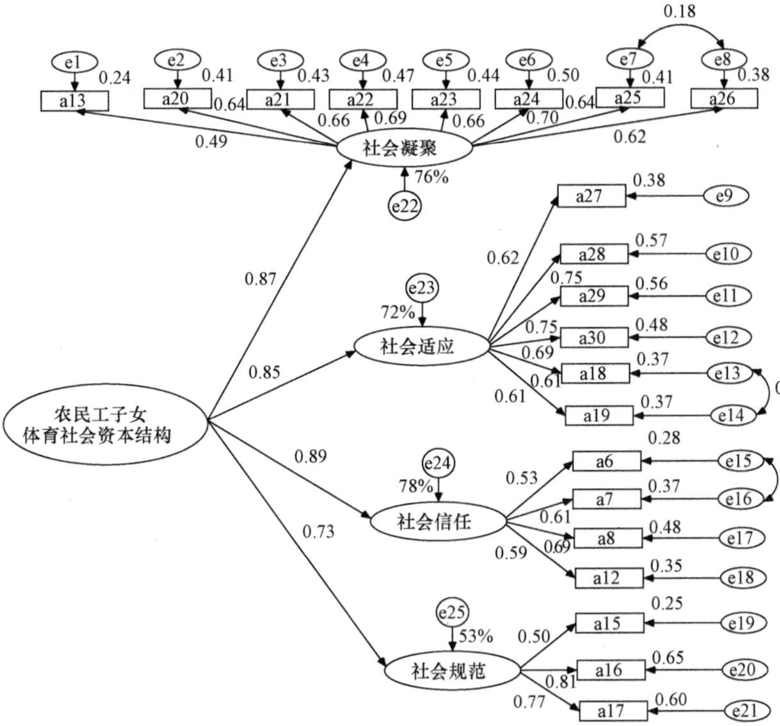

图 5－3　体育社会资本的二阶结构路径图

所谓区别效度（discriminant validity）是指构面所代表的潜在特质与其他构面所代表的潜在特质间有显著的差异存在，参考安德森和格宾（Anderson & Gerbing，1988）对区分效度检验的建议，使用巢套模型分析（Nested－Model Analysis）来检验区分效度[15]。具体操作方法是将限制两构面的相关系数固定为 1，如果该限制模型的χ^2 值与未限制模型相比差异显著，$\Delta\chi^2 > 3.84$，可以证明该限制性模型无法拟合成立，也就是说，所比较的两个结构要素构面间虽然相关显著，却是不相同的因素。如表 5－5 所示，各结构要素间均具有区别效度。

表 5－5　区别效度验证摘要表

巢套模型设定	未限制模型		限制模型		巢套模型比较						
	χ^2	df	χ^2	df	$\triangle\chi^2$	$\triangle df$	p	NFI Delta－1	IFI Delta－2	RFI rho－1	TLI rho－2
社会凝聚与社会适应	460.10	76	801.79	77	341.69	1	<0.01	0.07	0.07	0.08	0.08
社会凝聚与社会信任	295.85	53	559.47	54	263.62	1	<0.01	0.07	0.07	0.09	0.09
社会凝聚与社会规范	279.26	43	616.39	44	337.13	1	<0.01	0.10	0.10	0.13	0.13
社会适应与社会信任	320.01	34	623.80	35	303.79	1	<0.01	0.10	0.10	0.13	0.13
社会适应与社会规范	270.67	26	541.47	27	270.80	1	<0.01	0.09	0.09	0.12	0.12
社会信任与社会规范	195.09	13	477.58	14	282.49	1	<0.01	0.17	0.17	0.24	0.24

3.4　城市随迁子女体育积累社会资本结构的共同方法偏差的检验

由于本研究的被试都是城市随迁子女群体，研究方法主要使用了问卷调查法，因此可能存在共同方法偏差问题，需要检验严重程度。本研究采用了哈门氏单因子检验和不可测潜在方法因子检验两种方法[16]：首先，对进行验证性因素分析的样本（$N=853$）进行哈门氏单因子测试，在未转轴的情况下，抽取出 4 个特征值大于 1 的因素分，其第一个因素解释的变异量占 22.15%，而 4 个因素的累积变异量为 56.41%，第一因素占累积变异量的 39.27%，小于 50% 的接受值。另外，本研究还控制不可测潜在方法因子来检验了 5 因子结构（共同方法偏差、社会凝聚、社会适应、社会信任、社会规范）的适切程度——具体操作方法是将共同方法偏差当作一个潜在变量进入结构方程模型，允许 21 个测量变量负载在方法潜变量上，如图 5－4 所示。检验结果表明，包含共同方法偏差在内的 5 因子结构与调查数据无法拟合，Amos 统计软件无法计算出路径系数，仅给出该检验模型的 $\chi^2=988.14$，$df=162$，$\chi^2/df=6.10$，与原假设的 4 因子结构模型相比，卡方值没有明显降低，卡方自由度比值也大于可接受的范围。因此，综合两种检验方法，认为本研究的共同方法偏差问题未对研究结果造成严重干扰。

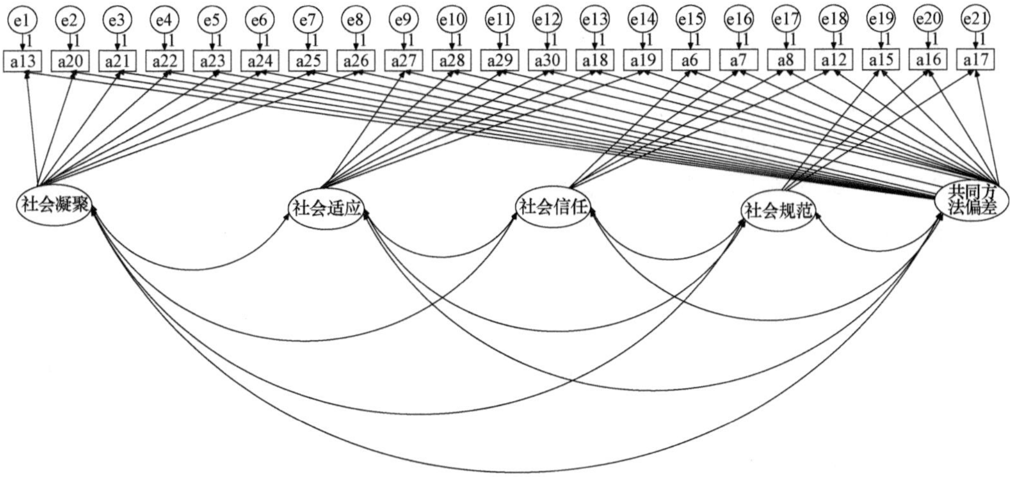

图 5－4　共同方法偏差检验示意图

4　讨　论

4.1　研究假设及其验证

经过预试调查（$N=267$）、大样本调查的探索性因素分析（$N=869$）以及不同数据的验证性因素分析（$N=853$），有 4 个研究假设得到验证，分别是研究假设 H_2、假设 H_4、假设 H_5 和假设 H_6，即城市随迁子女体育社会资本的结构有社会信任、社会规范、社会凝聚和社会适应，4 个内因潜变量具有较佳的聚合效度和区别效度，并且共同方法偏差经过哈门氏单因子方法检验和不可测潜在方法因子检验后并未严重影响研究结论。

需要说明的是，假设 H_1 和假设 H_3 未得到验证。假设 H_1 “弱关系的社会联结假设”未得到调查数据的支持，代表该潜在构面的测量题项未能通过预试问卷项目分析的检验。在研究设计初期对城市随迁子女群体在体育运动中的社会联结，尤其是依据格兰诺维特人际间的“弱关系”提出的。实际上，城市随迁子女的体育交往群体通常是自己的同学，他们之间的关系属于同质性的“强关系”类型，而针对弱关系提出的研究设计不符合调查的现实情况。有关城市随迁子女体育运动生成的“弱关系社会联结”的现象及其社会功能有待另案研究。另外，假设 H_3“社会支持假设”未得到调查数据的支持。针对该假设设计的题项在探索性因素分析中被归入“社会信任构面”和“社会凝聚构面”中，并在另案的验证性因素分析中得以验证。也就是说本研究代表社会支持的题项可以用社会信任和社会凝聚的潜在变量来解释。

4.2 与同类研究的区别

西方体育与社会资本研究关注体育与社会资本的关系，以及体育在社会资本中的积极和消极作用等[17]。就儿童和青少年而言，体育与社会资本的主题围绕着身心健康、自我概念、社会认同和亲社会行为等理论和经验研究展开[18]。国内已有的研究中，青少年体育与社会资本的研究关注家庭社会资本的影响[19]，而社区体育社会资本维度有社区体育活动开展、社区体育活动参与、社区关系网络等[20]。与之相比，本研究的研究对象为城市随迁子女，其通过体育建构维持的社会资本具有特质性，与其他社会群体或本地土生土长的城市学生是有区别的。它表现在两方面：首先，从关系纽带上看，本研究的社会资本隶属于强关系社会网络。这种社会资本来源于同学间的体育互动情境，尽管同学关系存在亲疏远近，但彼此都是属于强关系的熟人。这一观点可以在“弱关系的社会联结”不是城市随迁子女体育社会资本的一个结构要素中得到佐证。其次，从嵌入性资源看，随迁子女的体育社会资本包含情感和互惠行为。这种资源是稳定的、非即时性的，会随情感、行为的投入而建构和发展。以上两方面的特质区别于成年人社会生活中“拜年网”和“讨论网”中的社会资本，“拜年网”中的社会资本更多地体现工具性色彩，“讨论网”中的社会资本则主要被用于维持现有资源或情感交流。本研究中，体育运动中建构的社会资本对城市随迁子女来说，更突出社会的凝聚、适应、信任和规范功能。另外，由于本地的城市学生可能拥有更多的亲戚和朋友等本地的社会关系，他们的社会经济、文化资本等条件更为丰富；就生活的所在城市而言，网络构成可能较城市随迁子女群体的网络规模更大，与其他人一起娱乐休闲的机会也可能更多；通过体育运动生成的社会资本之关系纽带和嵌入性资源可能有别于城市随迁子女群体；这些推断有待经验数据的进一步调查与比较分析。需要特别强调的是，本研究从研究假设的提出，到结构性访谈和专家效度评判，再到具体题目库的建构过程都是围绕城市随迁子女这一特殊的目标群体展开的，经验数据探索和验证出的体育社会资本的结构维度仅反映城市随迁子女样本的情况，其意义指向的是该群体的城市生活的社会适应，这种4维结构是否也适用于其他群体需持十分谨慎的态度。

5　结　论

（1）通过经验数据的探索性和验证性因素分析，城市随迁子女通过体育运动所积累的社会资本之结构由4个要素组成，分别是社会信任、社会规范、社会凝聚和社会适应。

（2）城市随迁子女体育社会资本结构要素间的聚合效度佳，表明4个构念可共同预测该群体的体育社会资本；4个构念间的区别效度佳，表明4个构念具有不同的属性，构念间具有显著的辨识度。本研究通过对哈门氏单因子测试和不可测潜在方法因子的检验，表明本研究的共同方法偏差未对研究结果造成严重影响。

（3）城市随迁子女的体育社会资本其特殊的社会网络结构及其嵌入性资源区别于其他群体的体育社会资本。

参考文献

[1]教育部．2012年全国教育事业发展统计公报[J]．中国地质教育,2013(4):94－96.

[2]刘建娥．乡—城移民 农民工社会融入的实证研究——基于五大城市的调查[J]．人口研究,2010,34(4):62－75.

[3]周皓．流动儿童的心理状况与发展——基于“流动儿童发展状况跟踪调查”的数据分析[J]．人口研究,2010,34(2):66－75.

[4]李惠斌,杨雪冬．社会资本与社会发展[M]．北京:社会科学文献出版社,2000:77－100.

[5]仇军,杨涛．体育与社会资本研究述评[J]．体育学刊,2012,19(5):14－21.

[6]Wallhead T L,Garn A C,Vidoni C. Sport Education and social goals in physical education:relationships with enjoyment,relatedness,and leisure－time physical activity[J].Physical Education and Sport Pedagogy,2013,18(4):427－441.

[7]Legh - Jones H,Moore S. Network social capital,social participation,and physical inactivity in an urban adult population[J]. Social science & medicine,2012,74(9):1362 - 1367.

[8]Beets M W,Cardinal B J,Alderman B L. Parental social support and the physical activity - related behaviors of youth:a review[J]. Health Education & Behavior,2010,37(5):621 - 644.

[9]Lisha N E,Sussman S. Relationship of high school and college sports participation with alcohol, tobacco,and illicit drug use:A review[J]. Addictive behaviors,2010,35(5):399 - 407.

[10]Smith M J,Arthur C A,Hardy J,et al. Transformational leadership and task cohesion in sport: The mediating role of intrateam communication[J]. Psychology of Sport and Exercise,2013,14(2):249 - 257.

[11]Kelly L. Sports - based interventions and the local governance of youth crime and antisocial behavior[J]. Journal of Sport & Social Issues,2013,37(3):261 - 283.

[12]杨剑,王韶君,季浏,等．中学生运动友谊质量,体育锻炼行为与心理健康关系模型构建[J]．沈阳体育学院学报,2013,32(4):9 - 13.

[13]吴明隆．结构方程模型——AMOS 的操作与应用[M]．重庆:重庆大学出版社,2009:246 - 255.

[14]Fornell C,Larcker D F. Evaluating structural equation models with unobservable variables and measurement error[J]. Journal of Marketing Research(JMR),1981,18(1):382 - 388.

[15]Anderson J C,Gerbing D W. Structural equation modeling in practice:A review and recommended two - step approach[J]. Psychological bulletin,1988,103(3):411 - 13.

[16]熊红星,张璟,叶宝娟,等．共同方法变异的影响及其统计控制途径的模型分析[J]．心理科学进展,2012,20(5):757 - 769.

[17]仇军,钟建伟．城市中体育参与与社会融合的理论研究——以大众体育为例[J]．体育科学,2010,30(12):29 - 33.

[18]Rosso E G F,McGrath R. Beyond recreation:Personal social networks and social capital in the transition of young players from recreational football to formal football clubs[J]. International Review for the Sociology of Sport,2013,48(4):453 - 470.

[19]董宏伟．家庭社会资本对青少年体育锻炼意识与行为的影响及反思[J]．沈阳体育学院学报,2010,29(2):33 - 37.

[20]郭铜樑,任波．社区体育社会资本测量的实证研究[J]．体育研究与教育,2012,27(5):30 - 32.

第六章　体育运动的社会和人力资本功能对随迁子女城市融入的影响——共变关系的调节与远端中介效应

内容提要：为探讨体育运动的社会资本、人力资本功能与农民工随迁子女城市融入的内在关系，对853名随迁子女进行了问卷调查，运用结构方程模型验证结构模式的共变性与相互关系的强度和方向。研究结果表明：①体育运动的社会资本功能和人力资本功能呈现显著性相关，两者均正向显著影响随迁子女的城市融入，其中社会资本功能影响城市融入的强度高于人力资本功能；②社会资本、人力资本与城市融入结构模式关系的强度和方向在性别、年龄组别上具有组间恒等性；③结构模式在运动频率和运动项目丰富程度上具有组间差异性，表明体育运动对社会资本、人力资本功能以及城市融入的共变关系产生影响；④体育运动（频率和项目丰富程度）与城市融入构成广义中介效应的远端关系，社会资本和人力资本功能起到了广义中介效应。

1 引 言

跨文化情境中的一系列生活变化会带来应激，影响心理适应。有西方学者把社会融入（Social inclusion）看作是个人与其他文化群体接触互动所导致的心理与行为变化。施瓦兹、加拉赫、多梅内克（Schwartz，Galliher & Domenech，2011）等学者大量的实证研究着重于文化冲突所致的消极心理，即适应困难与文化应激（Acculturative stress），如情绪低落、身心功能障碍以及脱离社会规范的越轨行为[54]。针对美国青少年跨文化社会适应的比较研究发现，华裔青少年移民比欧裔青少年移民有更多的社会生活不适应感，其原因可解释为文化环境的压力、与同伴之间相处困难以及缺少支持网络[60]。儿童在同辈群体里的社会互动会影响他们的身体、认知以及情绪的发展[1]。同辈群体社会化过程能为儿童提供安全感与认同感，并且有助于儿童个体发展社会交往能力，增进良好的社会适应。

农民工子女是备受社会瞩目的弱势群体，其中随着父母在城市流动的，称为随迁子女（区别于留在家里的留守儿童）。从农村移民到城市的随迁子女面临着中国特色的跨文化情境，他们的心理与行为问题及其应对策略是社会和学术界关注的重点。本研究中的城市融入即“城市性的社会融入”，是指随迁子女适应城市生活的心理和社会过程。城市融入可增进随迁子女的社会归属感，建立起个人对城市社会的认同，进而遵循社会规范，促进社会凝聚力。社会心理学对社会融入的定义侧重于个体的态度和行为。林恩和麦格拉纳汉（Linn & McGranahan，1980），以及胡克和戴维斯（Hook & Davis，2012）把社会隔离、社会剥夺感视为与社会融入相对应的概念；心理接纳移入地文化，自我的身份认同、行为适应等情感、行为上的融合对社会融入来说是更为重要的衡量指标[48,42]。随着研究的深入，米塞纳（Misener，2006）的研究还发现，人的知识、能力以及社会网络、社会联结与社会融入具有密切联系——对移民、少数族裔或残疾人群体来说，较高的文化水平、劳动技能，较丰富的人际关系纽带将有助于社会融入[51]。李培林（2012）的研究认为“对社会融入的归因解释上，国内学者基本上达成了较为一致的意见，即主要是人力资本、社会资本和政策制度三个主要原因”“其中自身因素包括人力资本和社会资本两类”[9]。社会资本的基本定位是清楚的、内涵是明确的，核心是社会关系网络。不管是个体层面的社会资本，还是群体或组织层面的社会资本，都来自于人与人、人与群体、群体与群体之间的社会关系[32]。人力资本表现为人的能力和素质，即人力资本是内含于人本身的知识和技能的存量，它体现在体质、智力、知识技能、道德等方面。人力资本是一个影响流动农民工融入城市社会的重要变量，其作用是不可忽视的，人力资本对流动人口社会融入的一个潜在影响，是在工作环境中能够更多接触人力资本较高层次的本地居民，加快和加深其社会融入的速度和程度[12]。对中国流动人口的研究虽然在理论上说明了社会资本与人力资本对社会融入起到重要的归因作用，但依然缺少有说服性的实证研究。

本文的研究目的是检验体育运动的正向功能是否有助于随迁子女的城市融入水平。体育建构与维持的社会资本和人力资本功能，以及随迁子女的城市融入将在本研究中被转化为可测量、可比较的一系列学术概念，并讨论它们之间的内在关系。这样的研究有助于拓展体育运动的理论功能和现实意义，验证体育运动影响城市融入的机制是否与体育助益的社会资本和人力资本功能有关，明确体育运动如何调节社会资本、人力资本和城市融入的共变关系。

2 理论基础与研究假设

西方在青少年移民社会融入的研究中提到了社会交往和支持网络等概念，国内对流动儿童城市融入的研究中则涉及文化接纳、行为适应、身份认同等内容。无论中西方，在总结和抽象社会融入能力提升的研究表述中，都最终落脚在社会网络中的社会资本（Social Capital）和人力资本（Human Capital）的积累上。科尔特斯（Cortis，2009）和凯利（Kelly，2011）认为，体育教育在弱势群体的社会融入方面具有特殊的功能——促进身心健康，培养亲和性、勤勉正直性、外向性、经验开放性，并为丰富人际关系提供一种途径，促进社会融入[37,45]。我们综述体育运动与社会资本、人力资本的关系，以及随迁子女的城市融入等相关研究，并在此基础上建立研究假设。

2.1 体育运动的社会资本功能

科尔曼（Coleman，1988）将社会资本的表现形式概述为义务与期望、信息网络、规范和有效惩罚、权威关系等[36]。普特南（Putnam，1993）将社会资本泛化为信任、规范和网络[53]。林南（Lin Nan，1999）定义的社会资本系指个人经由社会关系网络可取得的资源，包括情绪支持、信任、合作和关怀等[47]。综合的观点认为社会资本是个体在网络中，透过互惠、规范及义务，彼此信任，并维系网络成员的认同及权益[27,52,55]。

目前，运动与社会资本关系的研究多集中在欧美地区，相关文献的报道认为，透过运动时的人际互动可增进运动者的社会资本[30]。科尔特（Coalter，2007）的研究认为体育活动可以培育新的友谊和社会联结，这有助于建构和维持跨越年龄、种族、宗教和经济差异的社会网络[35]。贾维（Jarvie，2003）的研究表明，体育运动有助于促成广泛的公民参与，进而建立社会信任、互惠[43]。巴雷特等（Zarrett et al.，2009）对儿童青少年的研究得出的结论是体育参与具有明显的社会支持作用，包括尊重性支持、信息性支持、友谊感支持等[59]。另外，克洛普顿（Clopton，2012）的研究显示，体育运动还要求对规则和道德的尊重和遵守，而规范也为体育运动提供了显而易见和正当的价值和行为标准[34]。社会网络、信任、互惠、支持和规范等高度生产性的社会资本是重要的社会融入的归因。国内研究中，仇军等（2010，2012）以城市中体育参与和社会融合问题进行了理论和逻辑上的论述，认为“体育参与越多，个体所拥有的社会资本越多”“个体的社会资本量越多，个体社会融合的概率越高”[2,3]。

总结已有文献的相关信息，即“透过运动时的人际互动可增进运动者的社会资本”“个体的社会资本量越多，个体社会融合的概率越高”。据此，本研究提出：

假设6－1：体育运动助益的社会资本功能对随迁子女的城市融入具有显著影响。

2.2 体育运动的人力资本功能

人力资本指人的教育、训练、经验、人际关系等，包括动作技能、资讯获取技能、知觉能力、信息处理技能、沟通技能、社交技能及价值观、信念与态度等等[38,44]。国外针对国际移民的研究认为，融入当地社会需要一些特殊的人力资本技能：①自我导向的人力资本能力——消除不同文化带来的压力的能力，工作所需的“技术能力”；②他人导向的人力资本能力——与当地人发展友谊的“关系发展能力”，与当地人主动沟通的意愿与能力，了解当地人行为及表现的认知能力；③融入不同国家文化的文化韧性能力[29,57]。国内已有的研究中，主要把体育看作是提高劳动者质量的一种投资形式。体育对提高身体素质、培养人的健康生活方式和能力具有无法代替的作用[15]。

学者认为经由体育运动可获得积极人力资本的回报。艾伦、琼斯和谢菲尔德（Allen，Jones & Sheffield，2009），以及瓦格斯塔夫、弗莱彻和韩顿（Wagstaff，Fletcher & Hanton，2012）的研究说明，除了明显的身体健康的回报，体育运动还可以调节情绪，起到补偿、宣泄和放松作用，缓解心理压力和焦虑[28,58]。而克里格（Kreager，2007），以及林沃，罗思和布鲁克斯耿（Linver，Roth & Brooks－Gunn，2009）的研究则认为，体育增益人力资本还表现在参与者社交能力的提升上，包括：合作能力，体育运动中个体表现出与他人互动的行为；肯定，包括个体对运动同伴表示善意、赞美、主动邀请同伴参加活动等；顾及他人，体育运动中的个体有能力了解他人的感觉，并能设身处地地为他人着想；负向肯定，体育运动中的个体在活动中有不同意见或者遇到不合理的事情时，能有礼貌地表达自己的意见，且其在遇到困难时，能向同伴求助；自我控制，体育运动中的个体有负面情绪时，能以适当的方法、策略表达出来，并控制自己的情绪[49]。国内的学者认为，“教育投资和健康投资是人力资本的主要投资途径，健康投资主要由体育锻炼投资和医疗保障投资构成”[22]。从人力资本投资和劳动力再生产角度讲，体育参与是一种人力资本投资活动，体育人力资本投资可以改善健康状况、增强工作能力、延长工作时间，从而增加收入[13]。

依据已有文献“移民融入当地社会需要一些特殊的人力资本技能”“体育运动可获得人力资本方面的回报”的意义，本研究提出：

假设6－2：体育运动助益的人力资本功能对随迁子女的城市融入具有显著影响。

2.3　社会资本与人力资本的关系

关于社会资本和人力资本的关系问题，科尔曼和林南曾分别进行过讨论。科尔曼（Coleman，2008）认为，通常情况下，社会资本与人力资本相互补充[7]，他认为在解释人的行为时，除了人力资本的概念外，还必须引入社会资本，人力资本是社会资本发展的条件，离开了社会资本的环境和背景，人力资本的积累就无从实现[36]。另外，林南则更为直接地指出：社会资本与人力资本之间的关系具有重要的理论意义。社会资本有助于产生人力资本。此外，人力资本显然也能促进社会资本。受过良好教育与培训的个体往往能够进入资源丰富的社会圈子和团体中[10]。本研究中社会资本与人力资本之间存在互相影响的关系是可能的，其中一种资本要素的变化也许会带动另一资本要素的变化。因此，提出：

假设6－3：体育运动助益的社会资本和人力资本具有显著相关关系。

2.4 体育运动与随迁子女的城市融入

社会融入与社会排斥（Social Exclusion）常常成对出现，它们与弱势群体、贫困、剥夺、歧视等概念关联。城市融入即“城市性的社会融入”，从滕尼斯（T·nnies）的“礼俗与法理社会”，到迪尔凯姆（Durkheim）的“机械与有机团结”，再到齐美尔（Simmel）的“现代文化相互交错的场所”，沃思（Worth）具体的“城市性”的生活方式[16]，城市具有其有别于乡村的一整套社会与文化特质。近年来，在社会各界的高度重视下，农民工随迁子女城市融入问题，特别是义务教育中的入学问题已得到初步解决，但由于中国受城市化发展的特殊性、差异性等因素的影响，这一群体的城市融入问题还有待深入研究。“同城不同待遇”的现实，使得随迁子女被边缘化。对弱势儿童的歧视和排斥，会映射到他们的认知上，使其产生自我和社会认知的游离[4,11]。解决弱势儿童社会融入的对策是鼓励他们与同辈群体进行社会交往，增加自身的社会资本与人力资本，减少其与社会的心理距离。哈里斯（Harris，1995）的“群体社会化发展理论”（Group Socialization Theory of Development）认为，同伴群体是儿童青少年社会化的主要场所[41]。国内的研究也表明，儿童会依据社会能力的相似性来组成同伴圈子，圈子的社会情境对儿童社会能力发展具有促进作用[1]。

发挥体育的功能限制社会排斥、促进社会融入，在社会政策实践和学术研究中都有所体现。《俄罗斯联邦2020年前体育发展战略》和《俄罗斯联邦2006—2015体育运动发展计划纲要》[8]，英国的“体育锻炼中央委员会”（Central Council of Physical Recreation，2002）的研究报告《人人共赢：体育与社会融入》（*Everybody Wins*：*Sport and Social Inclusion*）[33]，以及“欧洲委员会”（European Commission，2007）发布的《体育白皮书》（*White Paper on Sport*）[39]，都涉及体育运动能提升社会资本或人力资本，是促进移民社会融入的重要工具；体育运动为移民与当地主流社会的沟通提供了一种积极的渠道，体育运动被视为协调社群关系的一种有效方式。我们认为，体育运动建构与维持的社会网络是研究青少年社会化的一个理想场所，也是检验体育运动是否能促进随迁子女城市融入的一个理想平台。据此，本研究提出：

假设6－4：体育运动对随迁子女社会资本、人力资本及城市融入的共变关系具有调节效应。

2.5　体育社会资本和人力资本的中介作用

体育促进社会融入归因于体育具有潜在的诸多积极功能。如上所述，相当多的文献报道了体育的社会资本功能和人力资本功能。此外，流动人口城市融入又归因于社会资本和人力资本的积累。由于客观上体育运动和随迁子女的城市融入在逻辑关系上的因果关系相对不明显，而社会融入（城市融入）的研究中，具有可靠依据和说服力的理论基础是社会资本和人力资本，因此需要经由社会资本和人力资本理论佐证体育参与和城市融入的关系。也就是说，需要专门阐述和证明体育运动和随迁子女的城市融入关系的内在机制，鉴于上述缘由，提出：

假设6－5：社会资本和人力资本在随迁子女体育运动和城市融入之间具有中介作用。

综合而言，本研究力图考察体育运动的社会和人力资本功能对随迁子女城市融入的影响，实际上就是要验证如图6－1的假设关系。

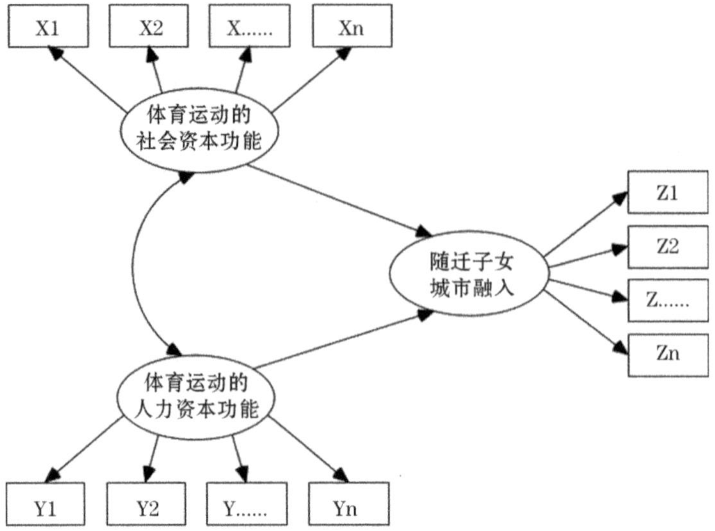

图 6－1　研究假设关系图

“体育运动的社会资本功能”和“体育运动的人力资本功能”为不可直接测量的外因潜在变量，“随迁子女城市融入”为不可直接测量的内因潜在变量；X、Y、Z 等多个观测（测量）变量是通过文献综述以及问卷调查后的探索性因子分析和验证性因子分析逐步理清结构维度与测量指标；潜在变量间的双箭头代表相关关系，单箭头代表因果关系。

3　研究方法

3.1　研究程序

资料收集过程分两个阶段：第一阶段是对济南两所公办中学随迁子女样本的预调查，主要用于预试问卷的探索性评价，发放预试问卷 300 份，回收有效问卷 267 份；第二阶段的抽样依据多阶整群抽样的原则进行，全国共分为 7 个自然地理分区，在每个自然地理分区中抽取 1 个大中型城市，每个城市再抽取 1 所小学和

1 所中学，共发放问卷 869 份，回收有效问卷 853 份。最终样本分布情况为，东北长春（163 人）、华北北京（146 人）、西北西安（121 人）、华中武汉（130 人）、华东苏州（91 人）、华南中山（107 人）、西南成都（111 人），有效问卷的样本中 11～13 岁共 517 人（11 岁 161 人，12 岁 183 人，13 岁 173 人）；14～16 岁 336 人（14 岁 96 人，15 岁 126 人，16 岁 114 人），平均年龄为（13.21±1.14）岁，男生 510 人，女生 343 人。抽取的样本基本符合实际的总体分布情况（依据教育部发布的《2011 年全国教育事业发展统计公报》，“全国义务教育阶段在校生中进城务工人员随迁子女共 1 260.97 万人。其中，在小学就读 932.74 万人，在初中就读 328.23 万人。”[6]）

需要强调的是本研究的调查对象是处于义务教育阶段的随迁子女，他们的体育运动是有阳光体育作为制度约束和保障的。“阳光体育”的内容包括实施《国家体质健康标准》、体育新课程教学、课外体育活动等。在阳光体育的制度安排下，学生皆能不同程度地、或主动或被动地参与阳光体育（包括每天的课间操、眼保健操、体育课及下午自主参与的课外体育活动）。研究中使用了对于中小学生更容易理解并且含义更为宽泛的“体育运动”而非“阳光体育”。一方面“阳光体育”并非严格意义上的学术概念，它实际上是由教育和体育部门强力推进、对学生健康进行干预的一系列与体育教育相关的政策制度；另一方面，包括阳光体育的“体育运动”有效保证了调查对象都参与了体育活动。

为避免共同方法偏差，调查采取的事前控制包括：①题目采用了多种问答形式；②强调匿名调查；③适当使用了反向题；④以时间间隔一周的方式分 A 卷、B 卷发放和回收问卷。整个调查是利用下午自习时间进行，问卷 A 部分调查内容为体育运动现状的全部题项以及城市融入和体育运动功能的部分题项，调查后由学生把问卷装入信封，用双面胶封好并保留问卷。隔周后进行问卷 B 部分的发放和调查，调查内容为城市融入和体育运动功能的其余题项，问卷 B 装入另一个信封并封好。装有问卷 A 和问卷 B 的两个信封由被试本人亲自合夹在一起并上交。

3.2 研究工具

3.2.1 体育运动的社会资本功能量表

该量表以《社会资本测量指标（修改版）》[5]为原始问卷，并参考《社会资本测量研究综述》[25]修改而成。首先对修订的量表进行预试调查（$N=267$），问卷数据呈现正态分布，量表项目分析过程为：①决断值检验，依据临界分数（高低分组上下27%处得分）将各分量表得分分成两组，以 t 检验检验高低分组在题项上的差异，删除 t 检验结果未达显著性以及临界比值小于3.0的题项；②题项与所属分量表总分相关检验，删除个别题项与所属分量表总分积差相关系数小于0.40的题项；③信度检验，检视题项删除后整体分量表信度 Cronbach's α 系数的变化情况，其中“体育参与助益的社会资本” α 系数是0.90，对题项删除后分量表信度系数增高的题项予以删除；④因子负荷量检验，删除共同因子负荷量小于0.45的题项。经过上述的数据处理后，对数据进行探索性因子分析，根据特征根和碎石图抽取4个因子，4个因子累积方差贡献率为67.62%，各项目载荷介于0.49～0.79之间，4个分量表的特征值分别为3.66、3.57、2.46、2.40，Cronbach's α 系数分别为0.85、0.83、0.74、0.76。量表包含21个题目：①社会适应6题，如样题“体育运动中，我有合作精神”；②社会凝聚8题，如样题“如果体育交往圈组织一个活动，我会为此付出时间和金钱”；③社会信任4题，如样题“体育交往圈里的人对我是诚实坦白的”；④社会规范3题，如样题“体育交往中，我能礼貌待人”。如图6－2所示，第二阶段采用验证性因子分析（$N=853$）来检验数据是否符合4因子模型，结果显示数据拟合较好（$\chi^2=764.60$，$df=180$，RMSEA＝0.06，CFI＝0.92）。

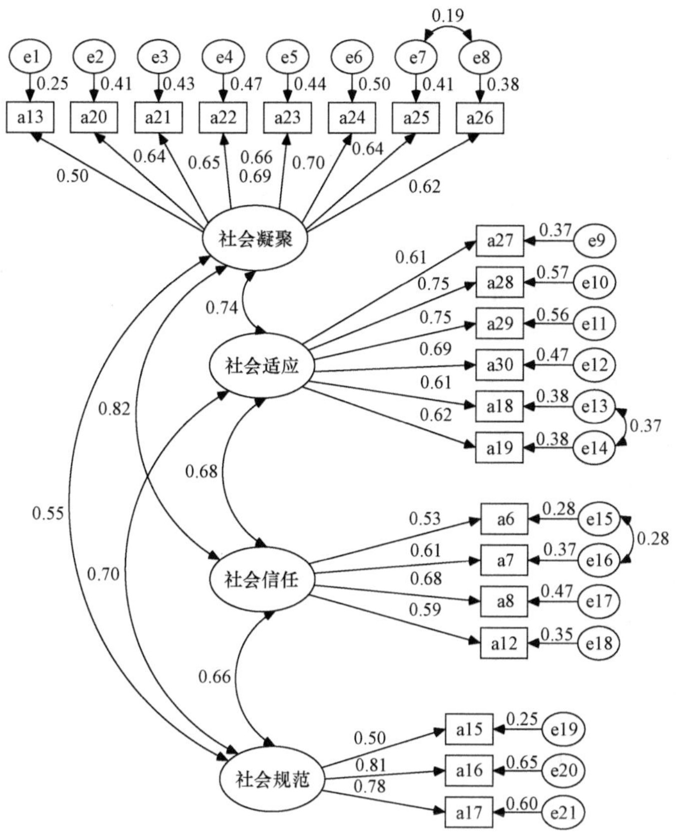

图6－2　社会资本验证标准化路径

3.2.2　体育运动的人力资本功能量表

该量表以《北京市社会网络与健康研究调查问卷》[24] 为原始问卷修改而成。对267份有效预试问卷分析处理后（决断值检验、总分相关检验、信度检验、因子负荷量检验过程与社会资本量表相同），对数据进行探索性因子分析，根据特征根和碎石图抽取2个因子，2个因子累积方差贡献率为68.72%，各项目载荷介于0.64～0.89之间，两个分量表的特征值分别为2.2、1.9，Cronbach's α 系数分别为0.77、0.74。量表包含6个题目：①身心健康3题，如样题“体育运动能增强我的身体素质”；②知识技能3题，如样题“通过体育运动，我掌握了提高身体素质的知识和方法”。如图 6－3 所示，验证性因子分析显示两因子模型拟合良好（χ^2 = 32.51，df = 7，RMSEA = 0.07，CFI = 0.97）。

3.2.3 随迁子女城市融入量表

该量表以《流动农民和失地农民日常生活调查问卷》[14]《农民工子女的社会心理问卷调查》[20]为原始问卷修改而成。对 267 份有效预试问卷分析处理后（决断值检验、总分相关检验、信度检验、因子负荷量检验过程与社会资本量表相同），对数据进行探索性因子分析，根据特征根和碎石图抽取 2 个因子，2 个因子累积方差贡献率为 60.88%，各项目载荷介于 0.56～0.89 之间，两个分量表的特征值分别为 3.26、2.81，Cronbach's α 系数分别为 0.84、0.83。量表包含 10 个题目：①行为适应 5 题，如样题“既然在这个城市，就要学会适应这个城市的生活”；②城市认同 5 题，如样题“我愿意和城市里的人打交道”。如图 6－4 所示，验证性因子分析显示两因子模型拟合良好（χ^2 = 132.31，df = 31，RMSEA = 0.06，CFI = 0.95）。

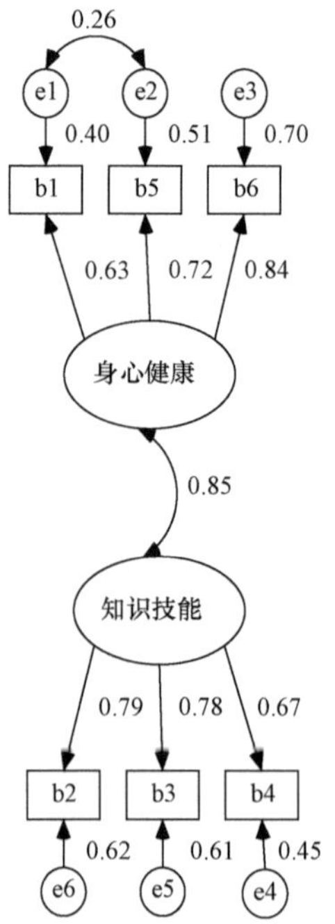

图 6－3 人力资本验证标准化路径

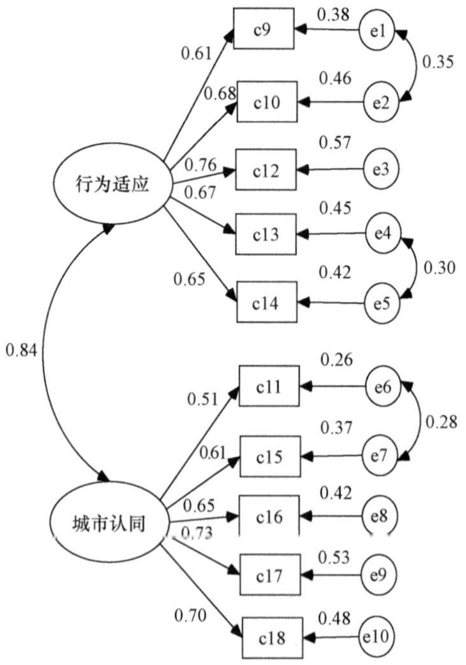

图 6－4 城市融入验证标准化路径

4　结　果

4.1　变量检验及描述性统计

4.1.1　变量区分效度和共同方法偏差的检验

所探讨的3个潜在变量（社会资本、人力资本、城市融入）还需要进行区别效度的检验，本研究采用验证性因子分析的方式，如表6－1所示。除了基准单因子模型（37个测量变量的单因子验证），另外的假设模型分别是：①合并人力资本、城市融入（16个测量变量）与社会资本（21个测量变量）的2因子模型；②合并社会资本、城市融入（31个测量变量）与人力资本（6个测量变量）的2因子模型；③合并社会资本、人力资本（27个测量变量）与城市融入（10个测量变量）的2因子模型；④社会资本（21个测量变量）、人力资本（6个测量变量）、城市融入（10个测量变量）的3因子模型；⑤控制非可测潜在方法的4因子结构。从表6－1统计结果可知，本文所假设的3因子模型与单因子模型、2因子模型、含有共同方法偏差的4因子模型相比具有更优良的拟合度，其中χ^2/df值小于5，RMSEA（渐进残差均方和平方根）未大于0.08，RMR（残差均方和平方根）小于0.05，CFI（比较适配指数）大于0.90。据此判断，假设的3因子模型能够更好地代表测量的因子结构，变量的区分效度得到验证。

表6－1　测量模型比较（N=853）

模型	χ^2	df	$\Delta\chi^2$	CFI	TLI	RMR	RMSEA
单因子模型	5 639.03	629					
2因子模型（1）	5 175.94	628	463.09	0.70	0.69	0.05	0.15
2因子模型（2）	5 365.56	628	273.47	0.69	0.67	0.07	0.17
2因子模型（3）	5 064.80	628	574.23	0.71	0.69	0.05	0.14
3因子模型（4）	3 061.48	626	2 577.55	0.93	0.91	0.04	0.08
4因子模型（5）	3 850.13	586	1 788.90	0.78	0.75	0.04	0.08

由于研究方法主要采用问卷调查法，而且调查对象均由单一来源受测者（随迁子女）填答，可能存在同源方法偏差。除了本文采用的事前控制的 4 种方法外（答题采用多种形式，进行匿名调查，适当使用反向题，时间间隔一周的方式分 A 卷、B 卷发放和回收问卷），仍需检验其同源方法偏差是否严重。目前有两种比较常用的方法，一种是哈门氏（Harman's）单因子测试法进行检验[50]，另一种是控制非可测潜在方法因子的检验[26]。①哈门氏单因子检验是将所有 37 个测量变量进行未旋转的因子分析，结果析出 8 个特征值大于 1 的因子，第一个主成分解释的变异为 26.04%，未占到总变异解释量 40%，据此判断，共同方法偏差问题不严重。②控制非可测潜在方法因子检验——如表 6－1 中的 4 因子模型，将共同方法偏差当作潜变量进入假设的结构方程模型，允许 37 个测量变量负载在方法潜变量上，进行 4 因子结构（社会资本、人力资本、城市融入和共同方法偏差）的验证性因子分析。检验结果表明，包含共同方差的 4 因子结构拟合度不佳，与假设的 3 因子模型相比并没有有效降低 χ^2 值，比较适配指数（CFI）和非规准适配指标（TLI）均未达到 0.90 以上，说明加入共同方法因子后模型拟合度并未得到显著改善。综合以上两种检验结果，可以判定本文的共同方法偏差问题不严重。

4.1.2 变量的描述性统计

通过观察各变量间的相关系数与差异显著性，发现代表体育社会资本功能的 4 个变量（社会适应、社会凝聚、社会信任、社会规范），代表人力资本的 2 个变量（身心健康和知识技能），以及代表随迁子女城市融入的 2 个变量（城市认同和行为适应）间均显著相关，符合研究预期，有待利用结构方程模型进一步验证其内部关系，如表 6－2 所示。本研究的重点在于检验结构方程模型 3 个潜在变量（社会资本功能、人力资本功能、城市融入）的关系，依据建模中的题目打包策略[19]，5 至 12 所代表的变量赋值为测试题目的总分。另外，运动频率、运动项目与代表体育社会资本功能 4 个变量以及代表体育人力资本功能的 2 个变量显著相关，但运动频率和运动项目丰富程度与代表城市融入的城市认同和行为适应变量不具显著性相关，需进一步对数据进行深入分析。

表 6－2　变量的描述性统计（*N*＝853）

	M	*SD*	1	2	3	4	5	6	7	8	9	10	11	12
1. 性别	1.40	0.49												
2. 年龄	13.21	1.14	－0.01											
3. 运动频率	3.61	1.01	0.03	－0.07										
4. 运动项目	3.73	0.95	0.04	0.10	0.35**									
5. 社会适应	24.91	3.36	0.01	0.03	0.50**	0.50**	(0.87)							
6. 社会凝聚	30.50	4.61	0.02	－0.01	0.60**	0.59**	0.60**	(0.83)						
7. 社会信任	14.97	2.39	0.01	－0.05	0.76**	0.51**	0.55**	0.53**	(0.72)					
8. 社会规范	12.88	1.77	0.10	0.07	0.41**	0.44**	0.61**	0.51**	0.50**	(0.76)				
9. 身心健康	12.82	1.74	0.01	0.05	0.44**	0.54**	0.68**	0.46**	0.39**	0.50**	(0.77)			
10. 知识技能	12.43	1.74	0.01	0.14	0.48**	0.84**	0.65**	0.44**	0.39**	0.53**	0.67**	(0.74)		
11. 城市认同	20.75	2.90	0.03	0.12	－0.05	0.05	0.71**	0.56**	0.46**	0.51**	0.61**	0.60**	(0.83)	
12. 行为适应	19.90	3.51	0.01	0.12	0.08	0.04	0.57**	0.49**	0.39**	0.38**	0.47**	0.46**	0.69**	(0.82)

注：括号内为 Cronbach's α 系数。性别：1＝男，2＝女。运动频率：除体育课外，每周参加体育运动的次数。运动项目（丰富程度）：体育运动中参与过哪些运动项目，按项目数量赋值，为连续变量。* $p<0.05$，** $p<0.01$。

4.2　变量的多元回归分析

多元回归的目的是分析人口统计学变量、体育运动变量与体育社会资本功能、人力资本功能、城市融入的相互关系。需要特别说明的是运动频率和运动项目丰富程度之间呈显著相关，如果把运动频率和运动项目作为自变量与其他因变量做多元回归时，需要持谨慎的态度，以避免自变量共线性对结果造成的影响。由于运动频率和运动项目丰富程度间的相关属于弱相关（$r=0.35$，小于0.40），因此，符合对自变量进行调节的条件[23]。为避免或减少多重共线性问题，本研究对表6-3中各变量均做了中心化处理。

表6-3 自变量与因变量多元回归分析（$N=853$）

自变量	体育社会资本功能				体育人力资本功能		城市融入	
	社会适应	社会凝聚	社会信任	社会规范	身心健康	知识技能	城市认同	行为适应
第一步	β值							
性别	0.01	0.02	0.01	0.10	0.01	0.01	0.03	0.01
年龄	0.03	-0.01	-0.05	0.07	0.05	0.14	0.12	0.11
第二步	β值							
性别	-0.01	-0.01	-0.02	0.07	-0.02	-0.02	0.03	0.02
年龄	0.02	-0.02	-0.03	0.06	0.03	0.08	0.11	0.11
运动频率	0.37***	0.44***	0.66***	0.30***	0.28***	0.23***	0.06	0.09
运动项目	0.36***	0.44***	0.29***	0.32***	0.44***	0.75***	0.05	0.07
调整后 R^2	0.35	0.51	0.64	0.26	0.35	0.73	0.002	0.001
$\triangle R^2$	0.36	0.52	0.64	0.26	0.36	0.74	0.004	0.009
$\triangle F$	48.38***	91.60***	153.88***	30.75***	47.77***	243.84***	0.36	0.75

注：测量变量数据均经过了中心化处理。β为回归方程标准化系数。*** $p<0.001$。

第一步回归分析中，调查对象的性别、年龄对社会信任、社会凝聚、社会规范等因子均未达到显著的预测作用；第二步引入了运动频率、运动项目丰富程度变量后，它们对社会资本、人力资本各个因子的影响均达到了显著性水平，其中社会适应、社会凝聚、社会信任、社会规范、身心健康、知识技能的解释量分别提高了36%、52%、64%、26%、36%、74%。而作为自变量的运动频率、运动项目丰富程度与因变量城市认同、行为适应之间的关系不具统计学意义。为明确体育社会资本功能、体育人力资本功能与城市融入的关系，需要引入结构方程进一步讨论。

4.3　体育运动的功能与随迁子女城市融入的关系

体育运动的功能与随迁子女城市融入的关系模型如图 6－5 所示，结构变量"社会资本"（体育运动的社会资本功能）、"人力资本"（体育运动的人力资本功能）在本模型中是外因潜在变量，"城市融入"为内因潜在变量。8 个观测变量分别是"社会适应""社会凝聚""社会信任""社会规范""身心健康""知识技能""行为适应""城市认同"。*e* 为残差（或误差）项，如 *e*9 表示外因潜在变量"社会资本"和"人力资本"，对内因潜在变量"城市融入"无法解释的部分。另外，单箭头表示因果关系，箭头方向是由原因变量指向结果变量，双箭头表示相关关系。也就是说，在假设模型中，我们假定"社会资本"与"人力资本"是相关关系；"社会资本"和"人力资本"对"城市融入"是因果关系。体育运动助益随迁子女社会资本功能的因子中，社会适应、凝聚、信任以及规范 4 个测量指标能被其潜在变量"社会资本"解释的变异量在 0.36～0.82 之间。身心健康和知识技能被"人力资本"解释的变异量为 0.69 和 0.65。行为适应和城市认同被"城市融入"解释的变异量为 0.88 和 0.53。误差项 *e*2 与 *e*3 并非是完全独立的，二者间相关系数是 0.21。社会资本与人力资本间的相关系数为 0.89。社会资本、人力资本指向城市融入的路径系数为 0.68 和 0.20，二者共解释了城市融入 74% 的变异量。

体育运动与随迁子女城市融入的结构方程模型与实际调查数据拟合关系如表 6－4 所示，适配指标达到验证标准，表示实际数据与模型结构可以契合。

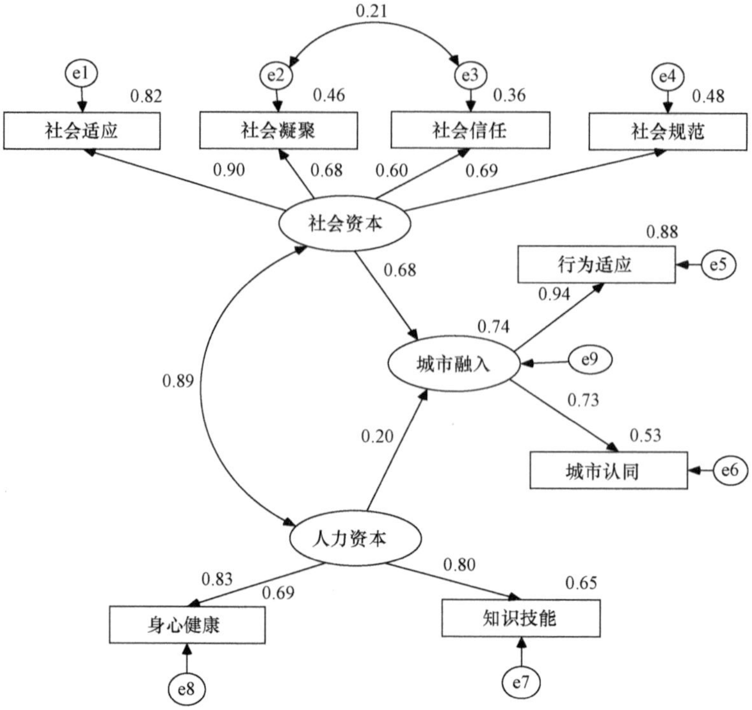

图 6－5　体育运动的社会资本、人力资本功能与随迁子女城市融入的结构方程模型

表 6－4　体育运动与随迁子女城市融入的结构方程模型整体拟合情况表（N=853）

名称	χ^2	df	χ^2/df	GFI	AGFI	NFI	RFI	IFI	TLI	CFI	RMSEA
数值	74.66	16	4.67	0.98	0.95	0.98	0.96	0.98	0.97	0.98	0.07

就结构方程模型单箭头联结的意义来说，社会资本与城市融入、人力资本与城市融入是因果关系，但综合考虑模型的意义，下结论时应该十分谨慎。路径分析模型虽然可以检验因果效应，但是对于哪个变量是因，哪个变量是果却需要更为严谨的检验。虽然结构方程模型是检测因果关系的有力工具，但如果把某一个研究结果视为特定变量因果关系的唯一证据，而没有多方检验其真实性，则可能造成偏差。实际上，结构方程模型是多组多元回归分析和整体拟合优度检验的结

合产物，单从数学关系上是不太可能确定因果关系的。因此，我们对于两个外因变量“人力资本”“社会资本”和一个内因变量“城市融入”之间的关系解释为“产生正向的影响”。

4.4 体育运动的功能与随迁子女城市融入关系的跨群组比较分析

SEM（结构方程模型）的多群组同时分析（Simultaneous Analysis of Several Groups）的目的在于探究适配于某一群体的结构模型，相对应的参数是否也适配于其他群体，即评估研究者所提的理论模型在不同群体间是否相等或参数具有不变性，包括测量路径、误差、潜在变量共变贡献率，以及结构路径系数的不变性等。也就是说，结构模型在853份整体样本中得到了数据契合的基础上，继续将整体样本分割成不同的群组，研究这些不同群组在结构模型中的共变关系。

本研究中的总体由多个不同性质的样本组成。我们以性别、年龄、运动频率和参与的运动项目丰富程度为自变量进行多群组比较分析。由于要求自变量属性为名义变量或次序变量，因此年龄以近似平均数为基准分为两组；运动频率以我国体育人口要求每周3次为基准，分为高低两组；而参与的运动项目丰富程度也以近似平均数为基准分组（表6－5）。

表6－5 性别、年龄群组分析与嵌套模型的比较

设定模型	χ^2	df	χ^2/df	GFI	$AGFI$	CFI	$RMSEA$	模型比较	$\Delta\chi^2$	Δdf	p
性别组别											
男（$N=510$）	52.30	16	3.27	0.98	0.94	0.98	0.07				
女（$N=343$）	28.92	16	1.81	0.98	0.95	0.99	0.05				
性别组别嵌套模型											
1. 未设定限制	81.22	32	2.54	0.98	0.95	0.99	0.04				
2. 设定测量系数相等	84.64	37	2.29	0.98	0.95	0.99	0.04	2－1	3.43	5	0.64
3. 增列结构系数相等	84.85	39	2.17	0.98	0.95	0.99	0.04	3－2	0.21	2	0.90

续表

设定模型	χ^2	df	χ^2/df	GFI	$AGFI$	CFI	$RMSEA$	模型比较	$\triangle\chi^2$	$\triangle df$	p
4. 增列结构方差相等	85.41	42	2.03	0.98	0.96	0.99	0.04	4－3	0.56	3	0.90
5. 增列结构误差相等	87.35	43	2.03	0.97	0.96	0.99	0.04	5－4	1.94	1	0.16
6. 增列测量误差相等	96.32	52	1.85	0.97	0.96	0.99	0.03	6－5	8.98	9	0.44
年龄组别											
11～13 岁（N=517）	93.03	16	3.66	0.97	0.93	0.98	0.07				
14～16 岁（N=336）	33.81	16	2.11	0.98	0.95	0.98	0.06				
年龄组别嵌套模型											
1 未设定限制	126.82	32	3.96	0.97	0.93	0.98	0.06				
2 设定测量系数相等	128.00	37	3.46	0.97	0.93	0.98	0.05	2－1	1.18	5	0.95
3 增列结构系数相等	132.39	39	3.40	0.97	0.94	0.98	0.05	3－2	4.39	2	0.11
4 增列结构方差相等	134.77	42	3.21	0.96	0.94	0.98	0.05	4－3	2.38	3	0.50
5 增列结构误差相等	135.72	43	3.16	0.96	0.94	0.98	0.05	5－4	0.95	1	0.33
6 增列测量误差相等	147.77	52	2.84	0.96	0.95	0.98	0.05	6－5	12.05	9	0.21

依据对 SEM 模型多群组不变性（multigroup invariance）检验传统的方法[18]，本研究先检验多个群体在每个观察变量的因素负荷量是否相等，假如发现观察资料因素负荷量具有组间不变性，则在其后新一组参数相等性的考验时，将这些具有不变性的参数设定为相等。所以，考验模型的组间不变性就是一系列逐渐严苛的统计考验，即所谓嵌套（巢套）模式比较（nested model comparison）。

以性别为自变量的群组比较分析的详细说明如下：本研究假设的结构模型既适合男生组，也适合女生组，模型的适配指数都达到预期。性别组别各个嵌套模型的意义是：①未设定限制的嵌套模型，即各个参数未加以限制的男生和女生群体的两个基准模型的比较；②设定测量系数相等，即将男生和女生两个群组模型的潜在变量与其指标变量的因素负荷量设为相等，也就是把椭圆形的 3 个潜在变量与矩形的 8 个观测变量间箭头上的因素负荷量设为相等；③增列结构系数相等，即将男生和女生两个群组模型中的外因潜在变量（社会资本、人力资本）与内因潜在变量（城市融入）的回归系数设为相等；④增列结构方差相等，即将男生和女生两个群组模型中 8 个矩形所代表的观测变量的协方差矩阵（含方差与协方差）设为相等；⑤增列结构误差相等，设定内因变量误差值的方差相等，即结构模型中男生群体的 *e9* 与女生群体的 *e9* 设为相等；⑥增列测量误差相等，设定指标变量的误差值相等，即结构模型中男生群体的 *e1* ~ *e8* 与女生群体的 *e1* ~ *e8* 设为相等。经上述设定和检验，可以看出性别组别嵌套模型的整体适配度符合检验标准，且嵌套模型间的比较差异不大显著（$p>0.05$），也就是说不同性别的学生群体在该模型中具有组间恒等性。同样，在年龄组别中本研究的模型也具有组间不变性的特质。

在以运动频率和运动项目丰富程度为自变量的群组分析和嵌套模型的比较中分析，如表 6－6 所示。本研究提出的模型分别适用于高低两个运动频率组别，以及运动参与丰富程度的两个组别。但在嵌套模型的比较中发现，当限定测量系数相等时，运动频率高（≥3 次/周）的群体与运动频率低（<3 次/周）的群体存在显著差异（$\triangle\chi^2=43.47$，$\triangle df=5$，$p<0.01$）；参与运动项目丰富程度高（≥3 项）的群体与参与运动项目丰富程度低（<3 项）的群体也存在显著差异（$\triangle\chi^2=32.83$，$\triangle df=5$，$p<0.01$）。

表 6－6　运动频率、运动项目丰富程度群组分析与嵌套模型的比较

模型	χ^2	df	χ^2/df	*GFI*	*AGFI*	*CFI*	*RMSEA*	模型比较	$\triangle\chi^2$	$\triangle df$	p
运动频率组别											
<3 次/周（$N=460$）	72.89	16	4.56	0.96	0.91	0.95	0.09				
≥3 次/周（$N=393$）	62.81	16	3.93	0.96	0.91	0.95	0.09				
运动频率组别嵌套模型											
1. 未设定限制	135.71	32	4.24			0.95	0.06				
2. 设测量系数相等	179.17	37	4.84			0.93	0.07	2－1	43.47	5	<0.01

续表

模型	χ^2	df	χ^2/df	GFI	$AGFI$	CFI	$RMSEA$	模型比较	$\triangle\chi^2$	$\triangle df$	p
运动项目组别											
<3 项（N=454）	74.87	16	4.68	0.95	0.90	0.92	0.08				
≥3 项（N=399）	60.82	16	3.80	0.97	0.93	0.96	0.08				
运动项目组别嵌套模型											
1. 未设定限制	135.70	32	4.24			0.94	0.06				
2. 设测量系数相等	168.53	37	4.56			0.93	0.07	2-1	32.83	5	<0.01

5 讨　论

5.1 体育运动社会资本功能与人力资本功能的相关关系

本研究中的两个外因潜在变量：体育运动的社会资本功能和人力资本功能有着深刻的内在关联（r=0.89）。社会资本与人力资本具有内在联系可以在科尔曼（Coleman，1988）、林南（Lin Nan，2003）和布迪厄（Bourdieu，1984）的论著中得到佐证，科尔曼认为社会资本是与物质资本和人力资本相并存的，其中物质资本是有形的，社会资本和人力资本是无形的，它们三者可以相互补充[36]；林南强调在人的地位获得中社会资本与人力资本互相促进[10]；布迪厄强调不同资本形态需要在特定的场域内才能发挥作用，而且各种资本之间可以互相转化[31]。

本研究发现的特殊性在于相关的两个变量，体育的社会资本功能和人力资本功能是相互影响的，其中一个变量的变化会引起另一个变量的变化，并且共同影响随迁子女的城市融入。本文中体育运动及其社会交往情境就是一种“情景场域”。社会资本不仅为人力资本提供“场域”，它还通过群体中的同伴提供各种可能的社会支持来提升人力资本。通过体育运动，随迁子女的社会交往范围可以有所扩大，并提升社会资本的水平和质量。体育交往情境中，社会资本存量更多的随迁子女也更容易获得学习和生活所需的知识和技能。社会资本在这一情境中具有丰富人力资本内涵的功能。人力资本对社会资本也具有促进作用。随迁子女体育运动中，运动知识能力等个人的人力资本存量多，有助于个体在同辈群体中拥有较高的声望和威信，扮演重要角色，进而帮助自身获得或调动社会网络中更多的资源，即有助于社会资本存量的增加。可见，人力资本与社会资本是相辅相成的。

5.2　社会资本和人力资本对城市融入的影响

体育运动增益的社会资本和人力资本对随迁子女的城市融入具有正向影响，城市融入指向城市社会生活的行为适应和心理认同。需要说明的是城市融入研究视角的偏重各有不同，既有在宏观上基于族群和移民的社会学研究，也有在微观上基于社会心理学的研究，融入过程兼顾结构与行动的平衡，既强调社会结构的调整，也重视主体的心理和行为特质。社会心理学家关注社会融入的态度和行为层面，并据此着重测量心理认同和行为适应。国内学者杨菊花（2008）等也借鉴了西方社会心理学的研究基础，并将其应用到我国城乡流动群体城市融入的研究中[21]。本研究把城市认同（对城市的文化特质、对自我和城市人的心理接纳）、行为适应（能适应城市生活）作为城市融入的衡量指标，在本研究的方程模型中，城市社会生活的行为适应和心理认同共同解释的变异量达到74%。本研究不把心理健康作为城市融入的判断标准，因为，没能很好地融入城市并不代表心理就不健康，心理健康的随迁子女同样可能存在城市融入问题与困难。体育运动助益的身心健康、知识技能作为人力资本的构面；体育助益的社会凝聚、社会适应、社会信任和社会规范作为社会资本的构面，共同成为影响城市融入过程的外因变量。随迁子女在学校同辈群体受到排斥是无法回避的社会现象，究其原因，随迁子女相对于城市儿童来说，社会信息量少、知识面窄、缺少城市休闲技能也是必须承认的事实。通过体育运动，随迁子女休闲娱乐的知识、水平、技能会有所提高，这将有助于他们与城市儿童分享更多的话题，更容易进入同辈群体并找到积极的群体角色。体育运动中的社会交往，有助于提高同伴间的信任、互惠等社会资本。

随迁子女体育运动生成的社会资本对城市融入的标准化回归系数是0.68，大于人力资本对城市融入的标准化回归系数0.20。就其影响程度的多少来说，随迁子女的社会资本存量对其城市融入的影响更大，而人力资本存量对其社会融入的影响相对较小。这可能是因为，与城市孩子相比，随迁子女一般受教育水平较低，掌握的技能较少，相比人力资本，社会资本在他们的人际交往、社会生活中发挥更重要的作用。尽管随迁子女在体育交往中的社会资本和人力资本之间具有一定的相关性，但是对于城市融入水平来说，社会资本发挥的作用远远大于人力资本。人力资本在城市融入中所体现的是一种个人特征，而社会资本作为一种嵌入社会网络的资源，体现的是一种群体特征。人力资本依附于具有能动性的个体而存在，个体人力资本作用的发挥最终取决于个体所处的群体及其社会环境。随迁子女群体的城市融入更加强调个体参与群体的重要性，强调了个体的资本存量通过他人得到增加。因此，在通过体育运动促进随迁子女的城市融入过程中，社会资本较之人力资本具有相对多的解释力。这一研究结论与以往的社会学中的求职研究颇为相似，针对大学生、农民工就业的研究认为，社会资本和社会网络在求职过程中扮演更重要的角色，因为在中国注重社会关系的现实环境中，社会资本可能发挥比人力资本更为重要的作用[9]。社会资本和人力资本可以多途径地获得，本研究测量的是体育运动带来的社会资本和人力资本。本研究运用定量的方法比较了体育社会资本和人力资本对随迁子女城市融入的贡献，这种定量的测量和比较是对以往社会学相关理论和逻辑分析的一个有力补充，并为未来的研究提供了可供比较的经验数据。

5.3　类别自变量与潜在变量的共变关系

多群组 SEM 分析的原理是将原先单一样本的单一共变关系结构分割成多个平行共变结构，进而评估这些共变结构的等同关系。本研究建构和验证的结构方程模型在类别自变量性别和年龄（高低分组）上具有组间恒等性，表明模型具有一定稳定性。另外，研究发现，类别自变量在体育运动（运动频率组别、运动项目丰富程度组别）组间具有显著性差异。也就是说，在 3 个潜在变量（社会资本、人力资本、城市融入）的共变关系中，运动频率和运动项目丰富程度起到了干扰共变关系的作用。这也与多元线性回归的研究结果（表 6－3）一致。参与体育运动频率高、参与运动项目多的随迁子女，其社会资本和人力资本存量也较高，即阳光体育参与助益社会资本、人力资本的提升。虽然体育运动的频率和项目丰富程度与城市融入的观察指标间没发现统计学意义（相关不显著），但是“运动频率和运动项目”与“城市融入”却构成了广义中介分析中的远端（distal）关系，体育运动的“社会资本和人力资本功能”在其中起到了中介效应。传统的中介效应分析认为，当自变量与因变量相关不显著时应停止中介效应的检验，但温忠麟、刘红云、侯杰泰（2012）[17]报道了“广义中介分析的概念，以区别传统意义上的中介分析”。“有研究者认为自变量与因变量相关显著不应作为研究中介效应的先决条件”。[40]“当自变量与因变量相关不显著，但它们有理论明确的远端（distal）关系，并且这种关系敏感（subtle）时可以做广义中介分析（Shrout & Bloger, 2002）[56]。远端关系可以是时间上的，也可以是空间上的。远端关系使得自变量与因变量的相关比较弱，达不到显著水平也情有可原；关系敏锐意味着研究有重要性，即使两者相关不显著，也值得研究。”本研究中，随迁子女的“运动频率和运动项目丰富程度”与“城市融入”构成远端关系，中介变量是体育运动建构与维持的“社会资本和人力资本”。多元回归研究发现“运动频率和运动项目丰富程度”显著影响“社会资本和人力资本”，如表6－3所示；而且，在结构方程模型中，“社会资本和人力资本”又显著影响“城市融入”，如图6－5所示。尽管“运动频率和运动项目丰富程度”对“城市融入”影响不显著（不显著相关），但本研究中体育运动建构与维持的“社会资本和人力资本”却起到了重要的中介效应。另外，需要强调的是西方的相关研究文献中报道了关于体育运动（频率和项目）促进社会融入的理论基础，这些理论建立在体育参与促进个人健康、提升自尊水平、促进文化认同和降低反社会行为的理论基础上[46]，可见，运动频率和运动项目与社会融入之间在理论上有较为明确的远端关系。

本研究讨论了体育运动与随迁子女城市融入结构模式的共变性与相互关系的强度和方向，并基于结构方程模型，对调查对象进行了多群组分析，比较了组间差异。体育运动调节了3个潜在变量（社会资本、人力资本、城市融入）的共变关系，体育参与频率高、运动项目丰富会正向影响潜在变量的变化；而且社会资本、人力资本在体育运动与城市融入之间起到了中介作用，在实践上是对体育运动能够促进随迁子女城市融入的内在机制的一种阐述和证明。也就是说，随迁子女多参与体育运动，并且尽可能多参与不同类型的运动项目，扩展自己的社会网络，增强自己的健康水平和知识技能将对自身的城市融入产生积极的影响。

5.4　研究局限与展望

首先，体育运动对各级各类学校的学生来说已经成为制度化、经常化的活动，在研究中如能采用实验的方法，或者采用历时性的追踪研究来体现运动量、运动强度，有氧运动、无氧运动分别对随迁子女城市融入的积极作用进行实证研究将会更有说服性。本研究仅以准实验的方式，在控制了年龄、性别变量的前提下，考察了体育运动频率和体育运动项目丰富程度等自变量对社会资本、人力资本、城市融入的影响，不可避免会由于未能多途径获取信息、问卷容量有限，从而导致某些信息缺失的可能。未来的研究中需要进一步深入考察体育参与还有哪些因素参与调解或中介了社会资本与人力资本的积累，进而影响随迁子女的城市融入。其次，本研究所涉及的体育参与、社会资本、人力资本都是在个体的基础上进行的"个人中心社会网"调查，对于随迁子女体育群体内部"整体社会网"情况缺乏研究。未来的研究需要进一步揭示随迁子女在体育社会网络结构中的位置，从而为解决该群体的体育排斥问题提供理论和现实依据。

6　结　论

（1）体育运动的社会资本功能和人力资本功能呈现显著性相关，两者是相互影响的，其中一个变量的变化会引起另一个变量的变化，并且共同影响随迁子女的城市融入。体育社会资本功能影响城市融入的强度高于人力资本功能，其原因可能是——人力资本在城市融入中体现的是一种个人特征，而社会资本则体现了群体特征，是一种嵌入社会网络的资源；人力资本作用的发挥取决于个体所处的群体及其社会环境，随迁子女群体的城市融入更加强调个体参与群体的重要性。

（2）体育运动的社会资本功能和人力资本功能与城市融入结构模式关系的强度和方向在性别、年龄组别上具有组间恒等性，表明该模型具备一定的稳定性，即体育运动通过社会资本和人力资本影响随迁子女城市融入的过程不会因性别和年龄的不同而产生变化。

（3）结构模式的关系强度在运动频率和运动项目丰富程度上具有组间差异性，表明体育运动对社会资本、人力资本功能以及城市融入的共变关系强度产生影响，即多参与体育运动、参与体育项目的类型丰富会正向影响社会资本和人力资本的积累，进而正向影响随迁子女的城市融入水平。

（4）运动频率和运动项目丰富程度与城市融入构成广义中介效应的远端关系，体育运动的社会资本功能和人力资本功能起到了广义中介效应，表明体育运动是通过社会资本和人力资本的积累间接促进随迁子女城市融入水平的。

参考文献

[1]陈斌斌,李丹,陈欣银,等. 作为社会和文化情境的同伴圈子对儿童社会能力发展的影响[J]. 心理学报,2011,43(1):74－91.

[2]仇军,杨涛. 体育与社会资本研究述评[J]. 体育学刊,2012,19(5):14－21.

[3]仇军,钟建伟. 城市中体育参与与社会融合的理论研究——以大众体育为例[J]. 体育科学,2010,30(12):29－33.

[4]范兴华,方晓义,刘杨,等. 流动儿童歧视知觉与社会文化适应:社会支持和社会认同的作用[J]. 心理学报,2012,44(5):647－663.

[5]桂勇,黄荣贵. 社区社会资本测量:一项基于经验数据的研究[J]. 社会学研究,2008,135(3):122－142.

[6]教育部. 2011 年全国教育事业发展统计公报[J]. 中国地质教育,2012,21(3):128－130.

[7]科尔曼. 社会理论的基础[M]. 北京:社会科学文献出版社,2008:335－336.

[8]李琳,陈薇,李鑫,等. 俄罗斯 2020 年前体育发展战略研究[J]. 上海体育学院学报,2012,36(1):1－4.

[9]李培林,田丰. 中国农民工社会融入的代际比较[J]. 社会,2012,32(5):1－24.

[10]林南,俞弘强. 社会网络与地位获得[J]. 马克思主义与现实,2003,14(2):46－59.

[11]蔺秀云,方晓义,刘杨,等. 流动儿童歧视知觉与心理健康水平的关系及其心理机制[J]. 心理学报,2009,41(10):967－979.

[12]刘传江,周玲. 社会资本与农民工的城市融合[J]. 人口研究,2004,28(5):12－18.

[13]刘卫,王秀霞,尚瑞花,等. 战略营销视角下中年人群体育参与的决策过程及其约束因素[J]. 体育学刊,2009,16(09):46－50.

[14]童星,马西恒,王毅杰,等. 交往、适应与融合——一项关于流动农民和实地农民的比较研究[M]. 北京:社会科学文献出版社,2010:280－293.

[15]王彤. 体育:提高人力资本的重要途径——一个小康社会的体育经济学话题[J]. 中国

体育科技,2004,40(1):8－10.

[16]王兴周．农民工城市性及其影响因素研究[D]．上海:上海大学,2009:35－44.

[17]温忠麟,刘红云,侯杰泰．调节效应和中介效应分析[M]．北京:教育科学出版社,2012:77－78.

[18]吴明隆．结构方程模型——AMOS 的操作与应用[M]．重庆:重庆大学出版社,2009:371－378.

[19]吴艳,温忠麟．结构方程建模中的题目打包策略[J]．心理科学进展,2011,19(12):1859－1867.

[20]熊易寒．当代中国的身份认同与政治社会化:一项基于城市农民工子女的实证研究[D]．上海:复旦大学,2010:232－238.

[21]杨菊华．从隔离、选择融入到融合:流动人口社会融入问题的理论思考[J]．人口研究,2009,33(1):17－29.

[22]杨越．"人口红利窗口期关闭阶段"的中国体育发展战略研究[J]．体育科学,2011,31(1):10－18.

[23]张厚粲,徐建平．现代心理与教育统计学[M]．北京:北京师范大学出版社,2009:246－247.

[24]张文宏．中国城市的阶层结构与社会网络[M]．上海:上海人民出版社,2006:251－261.

[25]赵雪雁．社会资本测量研究综述[J]．中国人口(资源与环境),2012,22(7):127－133.

[26]周浩,龙立荣．共同方法偏差的统计检验与控制方法[J]．心理科学进展,2004,12(6):942－950.

[27]Aguilar J P, Sen S. Comparing conceptualizations of social capital[J]. Journal of Community Practice,2009,17(4):424－443.

[28]Allen M S, Jones M V, Sheffield D. Attribution, emotion, and collective efficacy in sports teams[J]. Group Dynamics: Theory, Research, and Practice,2009,13(3):205－217.

[29]Ariss A A, Syed J. Capital mobilization of skilled migrants: A relational perspective [J]. British Journal of Management,2011,22(2):286－304.

[30]Atherley K M. Sport, localism and social capital in rural western Australia[J]. Geographical Research,2006,44(4):348－360.

[31]Bourdieu P. Distinction: A social critique of the judgement of taste[M]. MA: Harvard University Press,1984.

[32]Canetti－nisim D, Pedahzur A, Yishai Y. Social capital and social exclusion: Immigrants from

the former Soviet Union in Israel[J]. Social Behavior and Personality,2004,32(1):55 – 65.

[33] Central Council of Physical Recreation. Everybody Wins: Sport and Social Inclusion [R]. London:Central Council of Physical Recreation,2002:2 – 16.

[34]Clopton A W. Social capital,gender,and the student athlete[J]. Group Dynamics:Theory,Research,and Practice,2012,16(4):272 – 288.

[35]Coalter F. Sports clubs,social capital and social regeneration:Ill – defined interventions with hard to follow outcomes[J]. Sport in Society,2007,10(4):537 – 559.

[36]Coleman J S. Social capital in the creation of human capital[J]. American Journal of Sociology,1988,94(supplement):95 – 120.

[37]Cortis N. Social inclusion and sport:Culturally diverse women's perspectives[J]. Australian Journal of Social Issues,2009,44(1):91 – 106.

[38]Crook T R,Todd S Y,Combs J G,et al. Does human capital matter? A meta – analysis of the relationship between human capital and firm performance[J]. Journal of Applied Psychology,2011,96(3):443 – 456.

[39]European Commission. White Paper on Sport[R]. Luxembourg:Office for Official Publications of the European Communities,2007:2 – 20.

[40]Frazier P A,Tix A P,Barron K E. Testing moderator and mediator effects in counseling psychology research[J]. Journal of Counseling Psychology,2004,51(1):115 – 134.

[41]Harris J R. Where is the child's environment? A group socialization theory of development [J]. Psychology Review,1995,102(3):458 – 489.

[42]Hook J N,Davis D E. Integration,multicultural counseling,and social justice[J]. Journal of Psychology and Theology,2012,40(2):102 – 106.

[43]Jarvie G. Communitarianism,sport and social capital[J]. International Review for the Sociology of Sport,2003,38(2):139 – 153.

[44]Judge T A,Klinger R L,Simon L S. Time is on my side:Time,general mental ability,human capital,and extrinsic career success[J]. Journal of Applied Psychology,2010,95(1):92 – 107.

[45]Kelly L. Social inclusion' through sports – based interventions[J]. Critical Social Policy,2011,31(1):126 – 150.

[46]Kreager D A. Unnecessary roughness:School sports,peer networks,and male adolescent violence[J]. American Sociological Review,2007,72(5):705 – 724.

[47]Lin N. Building a network theory of social capital[J]. Connections,1999,22(1):28 – 51.

[48]Linn J G,Mcgranahan D A. Personal disruptions,social integration,subjective well – being,and predisposition toward the use of counseling – services[J]. American Journal of Community Psychology,1980,8(1):87 –100.

[49]Linver M R,Roth J L,Brooks – gunn J. Patterns of adolescents' participation in organized activities:Are sports best when combined with other activities[J]. Developmental Psychology,2009,45(2):354 –367.

[50]Malhotra N K,Kim S S,Patil A. Common method variance in IS research:A comparison of alternative approaches and a reanalysis of past research[J]. Management Science, 2006, 52 (12): 1865 –1883.

[51]Misener L M,Daniel S. Creating community networks:Can sporting events offer meaningful sources of social capital[J]. Managing Leisure,2006,11(1):39 –56.

[52]Persson H T R. Social capital and social responsibility in Denmark:More that gaining public trust[J]. International Review for the Sociology of Sport,2008,43(1):35 –52.

[53]Putnam R D. The prosperous community:social capital and public life[J]. The American Prospect,1993,13(1):35 –42.

[54]Schwartz A L,Galliher R V,Domenech rodríguez M M. Self – disclosure in Latinos' intercultural and intracultural friendships and acquaintanceships:Links with collectivism,ethnic identity,and acculturation[J]. Cultural Diversity and Ethnic Minority Psychology,2011,17(1):116 –121.

[55]Shi B,Qian M,Lu Y,et al. The relationship between migration and Chinese children's divergent thinking[J]. Psychology of Aesthetics,Creativity,and the Arts,2012,6(2):106 –111.

[56]Shrout P E,Bolger N. Mediation in experimental and nonexperimental studies:New procedures and recommendations[J]. Psychological Methods,2002,7(1):422 –445.

[57]Thomas K J A. The human capital characteristics and household living standards of returning international migrants in Eastern and Southern Africa[J]. International Migration,2012,50(4):85 –106.

[58]Wagstaff C R D,Fletcher D,Hanton S. Exploring emotion abilities and regulation strategies in sport organizations[J]. Sport,Exercise,and Performance Psychology,2012,1(4):268 –282.

[59]Zarrett N,Fay K,Li Y,et al. More than child's play:Variable – and pattern – centered approaches for examining effects of sports participation on youth development[J]. Developmental Psychology,2009,45(2):368 –382.

[60]Zhou Z,Peverly S T,Xin T,et al. School adjustment of first – generation Chinese – American adolescents[J]. Psychology in the Schools,2003,40(1):71 –84.

第三编

随迁子女体育运动与社会适应的心理学分析

第七章 随迁子女体育群体涉入、情绪调节策略与同伴接纳的关系

内容提要： 随迁子女的研究一直关注身心发展和社会适应议题，体育作为功能载体对弱势儿童和青少年的社会交往和社会适应能力的发展具有特殊价值。为探索随迁子女的体育群体涉入、情绪调节策略与同伴接纳的相互关系，以问卷调查法建构和验证了共变关系的结构方程模型，并进行了变量的中介效应分析。研究结果表明：①“体育群体涉入”正向影响“同伴接纳”水平。体育群体活动为同伴接纳提供了一种理想情境，在此情境中体育群体涉入与随迁子女的同伴接纳水平显著相关。②“体育群体涉入”正向影响“情绪调节策略”。随迁子女运用“认知重新评估”和“表达抑制”的情绪调节策略可以降低体育运动的负向情绪，维持正向情绪的强度和持续度。③随迁子女的“情绪调节策略”正向影响“同伴接纳”水平。“认知重新评估”代表随迁子女情绪行为前的调节策略，能通过改变对情境的评价控制情绪表达；而“表达抑制”通过认知监控并抑制负向情绪来控制情绪行为，“情绪调节策略”的效益有助于增加随迁子女在同伴群体中的接纳水平。④结构模型的共变关系中，“情绪调节策略”在“体育群体涉入”和“同伴接纳”的关系中起到了中介作用。

教育部2016年公布的数据显示，处于义务教育阶段的随迁子女已达1 367.10万人[1]，同时，作为城市中的一个特殊群体，随迁子女的社会边缘化现象依然存在，该群体常常与弱势、流动、贫困、剥夺、歧视等概念关联。随迁子女的边缘化既与相对宏观的社会结构因素，如家庭经济收入弱势、城市文化冲击、教育不

平等、生活不适应等有关；也与相对微观的心理和行为问题，如“焦虑、愤怒、沮丧、悲伤”等负向情绪体验，以及社交障碍、攻击行为、同伴冲突等越轨行为有关。宏观的社会结构性因素不在随迁子女可控范围内，而微观的心理和行为问题却可以通过情绪和行为管理加以引导。

随迁子女的研究关注身心发展和社会适应议题，如弱势儿童负向情绪的调查与应对方式，以及同辈群体间的人际关系、融入群体生活等。[2,3]体育作为具有特殊价值和功能载体，在儿童青少年的“情绪调节”和“同伴关系”中起到积极作用。

体育与情绪调节的研究结论多元且复杂，不同情绪有不同的调节方式，已有研究聚焦：①体育运动与情绪的关联性。麦加里和鲁索（McGarry & Russo，2011）主张身体动作储存了个体的情绪记忆，而儿童模仿或再现情绪动作有助于建立情绪联结，体育运动能提高情绪的感知觉能力[4]；网络成瘾的学生身体活动量与正向情绪呈显著正相关，与负向情绪呈显著负相关[5]；有氧运动（舞蹈、跑步）可以有效降低学生焦虑、忧郁情绪（LeBouthillier，Fetzner & Asmundson，2016）[6]。②体育运动中的情绪体验与人格特征。研究发现，儿童早期体育与游戏中欢乐、喜悦和愤怒等情绪的频繁体验和展现能反映个体的人格特质，家长、教师可以借助体育活动发觉儿童人格特点，因材施教地培养分享、包容、忍耐等情绪和行为管理能力（Eime，Young & Harvey，2013）[7]。③体育与有效的情绪调节。（Thayer，Newman & McClain，1994）[8]等归纳出最有效的情绪调节方法包括音乐、运动、进食等。女性常在体育运动中寻求社会支持策略，多采用放松和舒缓身心的运动，而男性偏向采取相对剧烈的运动缓解负向情绪。可见，体育运动可能在发泄愤怒、缓和生理心理应激、转移注意力上参与情绪调节。

同辈群体中的体育运动对儿童青少年社交能力、健全人格、性别角色和社会适应能力的发展皆有帮助。在体育运动与同伴关系的研究中关注：①体育运动影响同伴关系。研究表明，男孩群体中运动能力较佳、经常体育参与的男生较受欢迎，同伴关系较好，不易遭受同伴排斥。运动能力优于同年龄的青少年会体验较多的社会成功，并且获得同辈群体中较重要的社会地位。体育运动中良好的同伴互动有助于团队沟通、团队气氛调节、团队凝聚力提升，可以满足个人的归属感与爱的需求（Smith，2003）[9]。②随迁子女的运动友谊质量。国内的专门研究指出，“运动友谊质量”包括同伴情谊、愉快的玩伴关系、社会化行为、亲密关系、冲突的化解等，随迁子女的“运动友谊质量”在自变量“体育参与程度”和因变量“对城市同伴的信任”中起中介作用。③随迁子女建构和维持的体育社会资本。社会资本是移民社会融入研究中的重要概念，社会信任、社会规范、社会凝聚和社会适应4个维度的体育社会资本能正向影响随迁子女的城市融入。[10,11]

随迁子女的情绪和同伴间人际关系问题的产生具有特殊性，随迁子女的情绪调节、同伴接纳与体育运动关系的研究尽管意义重要却还未见文献报道。本研究的目的是探索与验证随迁子女的体育群体涉入、情绪调节策略与同伴接纳的相互关系及其强度，为弱势儿童和青少年在体育同辈群体中的情绪管理和社会认同提供理论支撑和可供比较的经验数据。

1　研究基础与假设

1.1　体育群体涉入与同伴接纳

涉入（Involvement）的研究源于社会判断理论，是对某事物与自身利害关系和重要性进行判断的一种认知状态。同伴接纳是同伴愿意接受并与之亲近的情形。已有研究表明，涉入体育群体影响青少年的社会态度和人际关系[12]，有组织的体育运动影响同辈群体的社会认同[13]；体育群体互动可预测同伴接纳，其中人际吸引与接纳的相关因素有体育技能、外貌、自我概念等综合的主客观因素[14]。据此，本研究提出：

研究假设7－1：随迁子女的体育群体涉入影响同伴接纳。

1.2　体育群体涉入与情绪调节

情绪调节策略是个体运用策略来降低负向情绪、维持正向情绪的强度与持续度。有调查发现，认知自身情绪对运动相当重要，若不能改善情绪问题，将妨碍运动的进行，儿童和青少年运动有助认知自身情绪，但不时都需要别人从旁观察及调控提醒；运动有助青少年控制自身情绪，但效用低；体育群体活动的情绪效益有个体对情绪（状态、原因）的觉察、情绪感受的表达、控制情绪引发的行为以及反省情绪状态，并实时修正[15,16]。据此，本研究提出：

研究假设7－2：随迁子女的体育群体涉入影响情绪调节策略。

1.3　情绪调节与同伴接纳

儿童和青少年的情绪调节策略在其群体的社会交往地位、友谊和心理接纳中都具关联性。儿童和青少年朋友数量与情绪调节的研究表明，情绪调节、社会行为与同伴接受正相关[17]。国内研究也表明，儿童情绪理解、情绪调节与其同伴接纳的关系有关[18]。据此，本研究提出：

研究假设7－3：体育群体情境中，随迁子女情绪调节策略影响同伴接纳。

1.4　情绪调节策略的中介作用

在对认知情绪调节与同伴依恋的关系研究中发现，随迁子女的同伴信任、积极和消极认知情绪调节低于本地儿童，积极认知情绪调节与同伴依恋正相关，积极的认知情绪调节在“流动性”与同伴依恋的信任、沟通两个维度间起部分中介作用。认知情绪调节中的积极策略对随迁子女与同伴建立良性的情感联系至关重要[19]。据此，本研究提出：

研究假设7－4：体育情境中，随迁子女的情绪调节策略在群体涉入和同伴接纳中具有中介作用。

本研究的综合研究假设模型如图7－1所示。研究的具体内容涉及随迁子女体育群体涉入程度、情绪调节策略和体育群体中的同伴信任关系的结构，以及上述这些变量之间的关系和强度。

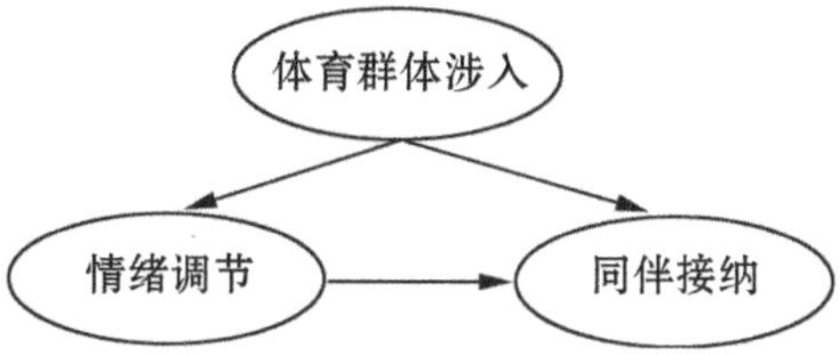

图7－1　假设关系图

2 研究方法

2.1 研究对象

研究对象为户籍不在流入地的外来学生群体，即随迁子女。本研究采用整体随机抽样方法，抽取北京5所学校的500份样本，有效回收问卷数是476份。样本特征为11～13岁的学生有259人，14～16岁有217人，平均年龄为（13.41±1.67）岁，男生有264人，女生有212人。

2.2 研究工具

2.2.1 体育群体涉入量表

体育群体涉入是一种运动群体认同和依附的心理状态，当体育群体在个人生活中具有中心性，并提供快乐和符号价值时，涉入程度得以体现。本研究将Zaichkowsky编制的涉入量表应用于体育情境[20]。原量表为单一构面，共计5题，包括行为活动对个体的重要性、愉悦、象征、价值、着迷等。本研究在体育情境中，问卷题目如“体育群体活动令我着迷”等。问卷样本验证性因素分析的结构模型与调查数据拟合良好（$\chi^2=3.085$，$df=5$，$\chi^2/df=0.62$，RMP＝0.01，CFI＝0.96）。

2.2.2 情绪调节策略量表

采用Gross编制的情绪调节策略量表，中文版2013应用于流动儿童，测量信度和效度较佳[21]。量表一共包括10个项目，6个题项代表情绪的“认知重新评估（Reappraisal Items）”策略，如“当我想感觉较少负面情绪（如悲伤或愤怒）时，我改变我现在的想法”；4个题项代表情绪的“表达抑制（Suppression Items）”策略，如“我以不表达情绪的方式控制情绪”。问卷样本验证性因素分析的结构模型与调查数据拟合良好（认知重评维度的$\chi^2=44.20$，$df=9$，$\chi^2/df=4.91$，RMP＝0.02，CFI＝0.93；表达抑制维度的$\chi^2=3.64$，$df=2$，$\chi^2/df=1.82$，RMP＝0.01，CFI＝0.98）。

2.2.3　同伴接纳量表

依据同伴接纳的概念和理论依据[22,23]，本研究在体育情境中通过同伴的“接受、支持、鼓励和肯定”程度等4个题目测量同伴接纳水平，如“我在体育运动中能得到同伴的鼓励”。验证性因素分析的结构模型与调查数据拟合良好（$\chi^2=8.28$，$df=2$，$\chi^2/df=4.14$，RMP=0.02，CFI=0.93）。

3　研究结果与分析

3.1　变量区分效度和共同方法偏差的检验

本研究采用了问卷调查法，且研究对象为单一被试群体，需要区分效度和同源方差检验，如表7-1所示。区分效度检验中，基准模型含19个观察变量（体育群体涉入5个、情绪调节策略10个、同伴接纳4个）。多因子区分效度检验模型包括：①情绪调节策略、同伴接纳合并后14个观测变量与体育群体涉入5个观测变量的2因子模型；②情绪调节策略、体育群体涉入（15个观测变量）与同伴接纳（4个观测变量）的2因子模型；③体育群体涉入、同伴接纳合并后（9个观测变量）与情绪调节策略（10个观测变量）的2因子模型；④体育群体涉入（5个观测变量）、同伴接纳（4个观测变量）、情绪调节策略（10个观测变量）的3因子模型；⑤控制非可测潜在方法的4因子模型。本研究采用控制非可测潜在方法因子的检验，即表7-1中的4因子模型——将同源方法偏差当作潜变量纳入结构方程模型进行拟合检验，允许所有测量变量负载于同源偏差潜变量上，进行（体育群体涉入、情绪调节策略、同伴接纳和共同方法偏差）4因子结构的验证性因子分析。

本研究中，3因子结构模型的拟合效果最佳，判别标准符合预期（$\chi^2/df<5$，RMSEA >0.08，RMR <0.05）。因此3因子模型（体育群体涉入、情绪调节策略、同伴接纳）能够更好地代表研究结构，验证了3组变量结构的区分效度。同源偏差检验显示，同源偏差拟合度不佳，即同源方法偏差在本研究中未对研究结构造成显著影响。

表 7－1　测量模型比较（*N*=476）

模型	c^2	*df*	$\triangle c^2$	CFI	TLI	RMR	RMSEA
单因子模型	675.73	119					
（1）（情绪＋接纳）↔涉入	631.01	118	44.72	0.69	0.66	0.06	0.12
（2）（情绪＋涉入）↔接纳	496.90	118	179.64	0.75	0.73	0.06	0.10
（3）（涉入＋接纳）↔情绪	456.31	118	219.42	0.76	0.74	0.05	0.10
（4）3 因子（涉入＋接纳＋情绪）	364.67	116	311.06	0.91	0.90	0.03	0.07
（5）4 因子模型（含同源偏差）	439.47	96	236.25	0.79	0.77	0.04	0.08

3.2　结构方程模型的建立与检验

随迁子女体育群体涉入、运动情境的情绪调节策略与同伴接纳的关系模型如图 7－2 所示，其中，体育群体涉入为自变量，同伴接纳为因变量，情绪调节策略为中介变量。结构方程模型与调查数据拟合关系良好（χ^2＝626.50，*df*＝149，χ^2/*df*＝4.21，RMP＝0.04，CFI＝0.89），各路径系数均达显著。

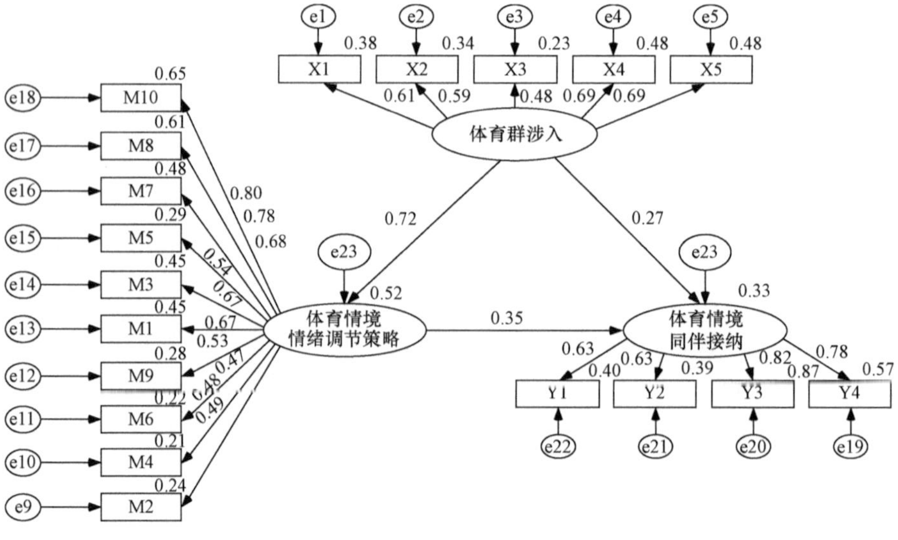

图 7－2　体育群体涉入、情绪调节策略和同伴接纳的结构方程模型图

关系模型中，结构变量“体育群体涉入”“情绪调节策略”是“同伴接纳”外因潜在变量，“同伴接纳”为内因潜在变量。e 为残差（或误差）项，如 e24 表示外因潜在变量“体育群体涉入”和“情绪调节策略”对内因潜在变量“同伴接纳”无法解释的部分。在假设模型中，“体育群体涉入”是体育情境中“情绪调节策略”和“同伴接纳”的基础或原因，“体育群体涉入”和“情绪调节策略”对“同伴接纳”是正向影响关系。

5 个测量指标能被其潜在变量“体育群体涉入”解释的变异量在 0.23 ~ 0.48 之间，10 个测量指标被“情绪调节”解释的变异量在 0.21 ~ 0.65 之间，4 个测量变量被“同伴接纳”解释的变异量在 0.39 ~ 0.67 之间。

4　讨论与分析

理论上，中介效应的结构方程模型及其研究假设需要检验 3 组回归关系：①自变量和因变量的关系；②自变量和中介变量的关系；③中介变量和因变量的关系。本研究中，如表 7 - 2 所示，3 组变量相关显著，符合中介作用的讨论预期。在此基础上，如果下面条件成立，则中介效应显著：①体育群体涉入对情绪调节策略的回归系数显著；②情绪调节策略对同伴接纳的回归系数显著；③体育群体涉入对同伴接纳的回归系数显著（部分中介）或不显著（完全中介）。

表 7 - 2　潜变量的测量变量总分相关矩阵

	M	*SD*	1	2	3
1. 体育群体涉入总分	21.53	3.71	(0.88)		
2. 情绪调节策略总分	42.10	3.25	0.56 **	(0.80)	
3. 同伴接纳总分	39.37	2.76	0.62 **	0.60 **	(0.83)

本研究针对随迁子女讨论“体育群体涉入”“情绪调节策略”“同伴接纳”3 组变量间的关系。结构方程模型中，体育群体涉入指向同伴接纳的路径系数为 0.27（表 7 - 3），回归显著性检验显著，因此假设 7 - 1“随迁子女的体育群体涉

入影响同伴接纳”得以验证。“体育群体涉入”可视为3个变量关系的一个起点，“体育群体涉入”既设定了体育情境，也关联了心理学中“情绪”和社会学“同伴关系”的学术和实践意义。本研究以接受、支持、鼓励和肯定等4个维度来测量随迁子女的“同伴接纳”水平。在体育群体互动中，随迁子女与城市儿童青少年彼此接受、相互间的社会支持、队友间的合作、团队获胜后的肯定与失败后的鼓励对随迁子女而言都是融入同辈群体、弱化外来人的身份感、去除边缘化的一种途径。体育群体涉入、体育群体活动为同伴互相接纳提供了一种理想场域，在此场域，体育涉入水平正向影响随迁子女的同伴接纳水平。

体育群体涉入指向情绪调节策略的路径系数是0.72（表7-3），回归显著性检验显著，假设7-2“随迁子女的体育群体涉入影响情绪调节策略”得以验证。情绪调节策略指向同伴接纳的路径系数是0.35（表7-3），回归显著性检验显著，假设7-3“体育群体情境中，随迁子女情绪调节策略影响同伴接纳”得以验证。随迁子女的“同伴接纳”是本研究3组变量的结果变量，“情绪调节策略”成为3组变量中的中介和调节变量。本研究依据Gross提出的情绪调节策略，从“认知重新评估”和“表达抑制”两个维度测量随迁子女的情绪调节策略。认知重新评估是个体产生情绪行为反应前的情绪调节策略，能通过改变对情境的思维，减缓负向情绪产生的经验和行为，以有效调节情绪；而表达抑制是一种反应的情绪调节策略，其通过认知策略去监控并抑制正在进行的情绪行为表达。无论是竞赛胜利的“手舞足蹈”的高兴情绪表达，或是失败后的“恼羞成怒”的失望情绪表达，会因考虑“同伴的感受”而调节情绪和情绪引发的行为，因此，体育情境中“认知重新评估”和“表达抑制”也是随迁子女情绪管理的一种能力。情绪调节策略在同伴的体育互动上扮演重要角色。当随迁子女无法有效管理生气或其他负向情绪时，其常无法化解与同伴在运动场上产生的冲突，且可能造成彼此在其他社会和学习互动上的关系不良、同伴接纳障碍等。本研究发现在体育情境中，随迁子女的情绪调节策略能预测其同伴接纳，可见情绪调节策略在同伴关系的发展中扮演相关角色。能有效使用情绪调节策略以控制情绪的随迁子女更容易在同辈群体中建立良好的同伴关系，被同伴接纳。

表 7－3　情绪调节策略中介效应分析表

	直接效应	间接效应	总效应	中介效应比
体育群体涉入→同伴接纳	0.27	0.25	0.52	
体育群体涉入→情绪调节策略	0.72		0.72	
情绪调节策略→同伴接纳	0.35		0.35	
体育群体涉入→情绪调节策略→同伴接纳				0.48

另外，在关系模型中，体育群体涉入解释了情绪调节策略 52% 的变异量；而且，体育群体涉入对同伴接纳，以及情绪调节策略对同伴接纳的路径系数分别是 0.27 和 0.35，即体育群体涉入和情绪调节策略共同作用于同伴接纳，并且贡献了同伴接纳 33% 的变异量。可见，自变量体育群体涉入通过影响变量情绪调节策略对同伴接纳产生了影响，情绪调节策略在体育群体涉入和同伴接纳中为中介变量。如表 7－3 所示。鉴于加入了变量情绪调节后，体育群体涉入仍然对同伴接纳的路径回归系数达到显著，其中，体育群体涉入对同伴接纳的总效应为约为 0.52（直接效应路径系数 0.27 与间接路径系数 0.72 ×0.35 的和），中介效应比约为 0.48（间接效应与总效应的商 0.25/0.52），即情绪调节在体育群体涉入和同伴接纳的关系中具有 48% 的中介效用率，假设 7－4“体育情境中，随迁子女的情绪调节策略在群体涉入和同伴接纳中具有中介作用”得以验证。本研究以随迁子女、体育涉入、情绪调节、同伴关系的研究表明，体育群体涉入可以增加青少年群体的同伴交往，正向影响同伴接纳水平，而且，涉入体育群体会引发种种情绪，而情绪调节策略在个体人际关系中的作用明显，认知重新评估和表达抑制是随迁子女有效的情绪调节策略。情绪调节策略中介了体育涉入和同伴接纳水平。随迁子女通过体育参与，能增加他们与同辈群体的社会交往，培养他们的情绪调节能力，也可以提升他们的同伴接纳程度。

5　结　论

本研究的结构方程模型验证了随迁子女体育群体涉入、体育情境中的情绪调节策略和体育情境中的同伴接纳的相互关系和强度。体育群体涉入正向情绪调节策略影响同伴接纳，体育情境中的情绪调节策略正向影响体育群体中的同伴接纳。

中介效应分析表明，在随迁子女体育群体涉入、情绪调节策略和同伴接纳3组变量的共变关系中，情绪调节策略在体育群体涉入及其同伴接纳的关系中起到了中介作用。

参考文献

[1]中华人民共和国教育部.2015年全国教育事业发展统计公报[EB/OL].http://www.moe.edu.cn/srcsite/A03/s180/moe_633/201607/t20160706_270976.html,2016-07-06.

[2]彭阳,王振东,申雯.流动儿童家庭关怀、正性情绪对心理韧性的影响[J].中国临床心理学杂志,2015,23(4):729-732.

[3]王道阳,魏玮,殷欣.流动儿童与城市儿童情绪调节策略对自卑感影响的比较[J].卫生研究,2016,45(5):777-783.

[4]McGarry L M,Russo F A. Mirroring in dance/movement therapy:Potential mechanisms behind empathy enhancement[J]. The Arts in Psychotherapy,2011,38(3):178-184.

[5]Eliacik K,Bolat N,Koçyiğit C,et al. Internet addiction,sleep and health-related life quality among obese individuals:a comparison study of the growing problems in adolescent health[J]. Eating and Weight Disorders-Studies on Anorexia,Bulimia and Obesity,2016,21(4):709-717.

[6]LeBouthillier D M,Fetzner M G,Asmundson G J G. Lower cardiorespiratory fitness is associated with greater reduction in PTSD symptoms and anxiety sensitivity following aerobic exercise[J]. Mental Health and Physical Activity,2016(10):33-39.

[7]Eime R M,Young J A,Harvey J T,et al. A systematic review of the psychological and social benefits of participation in sport for children and adolescents;informing development of a conceptual model of health through sport[J]. International Journal of Behavioral Nutrition and Physical Activity,2013,10(1):98-135.

[8]Thayer R E,Newman J R,McClain T M. Self-regulation of mood:Strategies for changing a bad mood,raising energy,and reducing tension[J]. Journal of personality and social psychology,1994,67(5):910.

[9]Smith A L. Peer relationships in physical activity contexts:A road less traveled in youth sport and exercise psychology research[J]. Psychology of Sport and Exercise,2003,4(1):25-39.

[10]孙中芹,赵溢洋,王清玉,等．城市农民工子女体育社会资本的结构:经验数据的探索与验证[J]．天津体育学院学报,2014,29(3):241－246.

[11] 仇军,钟建伟．城市中体育参与与社会融合的理论研究——以大众体育为例[J]．体育科学,2010,30(12):29－33.

[12] Simpkins S D,Eccles J S,Becnel J N. The mediational role of adolescents' friends in relations between activity breadth and adjustment[J]. Developmental Psychology,2008,44(4),1081－1094.

[13]MacPherson E,Kerr G,Stirling A. The influence of peer groups in organized sport on female adolescents' identity development[J]. Psychology of Sport and Exercise,2016,23:73－81.

[14] Pindus D M,Cumming S P,Sherar L B,et al. Maturity－associated variation in physical activity and health－related quality of life in British adolescent girls:Moderating effects of peer acceptance [J]. International journal of behavioral medicine,2014,21(5):757－766.

[15] 武海潭,季浏．体育课不同累积中—大强度体力活动时间对初中生健康体适能及情绪状态影响的实验研究[J]．体育科学,2015,35(1):13－23.

[16] Diamond A. Effects of physical exercise on executive functions:going beyond simply moving to moving with thought[J]. Annals of sports medicine and research,2015,2(1):1011.

[17] Brondino M,Dodero G,Gennari R,et al. Achievement Emotions and Peer Acceptance Get Together in Game Design at School[J]. ADCAIJ:Advances in Distributed Computing and Artificial Intelligence Journal,2015,3(4):1－12.

[18] 张琴琴．4～6岁幼儿抑制控制、情绪调节策略与同伴接纳三者关系研究[J]．幼儿教育:教育科学,2015(1):55－59.

[19] 王婷,李庆功,何佳萍．认知情绪调节对流动儿童同伴依恋和孤独感的调节作用[J]．应用心理学,2012,18(3):256－262.

[20]Zaichkowsky J L. Measuring the involvement construct [J]. Journal of consume research,1985,12(3):341－352.

[21] 王婷,李庆功,孙珏亮．流动儿童的认知情绪调节对同伴依恋的影响机制[J]．社会心理科学,2012,27(11):87－91.

[22] 徐夫真,张文新．青少年疏离感与病理性互联网使用的关系:家庭功能和同伴接纳的调节效应检验[J]．心理学报,2011,43(4):410－419.

[23] 杨丽珠,徐敏,马世超．小学生同伴接纳对其人格发展的影响:友谊质量的多层级中介效应[J]．心理科学,2012,35(1):93－99.

第八章 随迁子女的体育参与对城市同伴信任的影响——运动友谊质量的中介作用

内容提要：为探讨随迁子女“体育参与程度”“运动友谊质量”“对城市同伴的信任”3组变量的内在关系，对356名随迁子女进行了问卷调查，利用多元回归和结构方程模型讨论变量间的作用机制。研究结果表明：①多元回归分析中，自变量“体育参与程度”对因变量“对城市同伴的信任”的预测作用显著（$p < 0.001$）；②在中介作用的结构方程模型分析中，“运动友谊质量”在自变量“体育参与程度”和因变量“对城市同伴的信任”中起中介作用（中介率为62%）。说明，随迁子女积极参与体育运动能正向影响与城市同伴的“运动友谊质量”，并能正向影响“对城市同伴的信任”程度；随迁子女的“体育参与程度”在“运动友谊质量”的中介作用机制下“对城市同伴的信任”产生作用。

随迁子女“同城不同待遇”的现实与污名化的刻板印象，加剧着随迁子女与城市儿童青少年间的疏离和排斥。有调查显示“流动儿童的同伴信任、沟通维度得分显著低于本地儿童”[1]，更现实的社会背景是“中国人与人之间的不信任程度在进一步扩大”“总体信任已跌破底线”[2]。而体育运动在建构和维持社会信任上具有特殊的功能，普特南（Putnam，1995）关于独自打保龄球与美国下降的社会资本研究中，可以看到体育参与与政治信任、社会信任关系的详尽论述[3]。仇军、钟建伟（2010）也曾提出“体育参与可以提高个体的人际信任水平”的命题[4]。面对随迁子女的境遇、社会信任滑坡的现状和体育的积极功能，本研究的目的是考量随迁子女体育参与程度、运动友谊质量与城市同伴间的人际信任关系。本研究主题，一方面拓展了体育功能和价值的讨论空间，旨在利用体育群体活动建构和维持随迁子女与城市同伴的人际信任关系；同时，西方运动友谊质量（Sport Friendship Quality）概念的引入，也为解释体育参与影响人际信任的内在机制提供了可供比较与验证的经验资料。

1　文献综述与假设提出

本研究关注3组核心变量及其相互关系的作用机制：①“体育参与程度”更多地指向体育实践中的直接参与，本文将综合考量随迁子女每周参与运动的次数、持续时间和运动强度；②信任，其含义是对他人可靠性的期望，本文特指随迁子女“对城市本地同伴的信任”；③“运动友谊质量”，包括正面和负面的运动友谊。文献综述将重点评述3组变量的关系，并在此基础上提出研究假设。

1.1　体育参与与人际信任

罗特（Rotter，1971）将人际信任视为一种心理特质，是“个体将他人的言词、承诺以及口头或书面的陈述认为可靠的一种概括化的期望”，人际信任倾向的不同源于心理特征的不同[5]。而福山（Fukuyama，1995）从社会关系的角度来研究人际信任，认为信任嵌入在社会关系中，是双方互动的结果[6]。在社会关系取向上，人际信任不仅仅由遗传或人格因素决定，它还受外界因素的影响，是可培养和发展的心理与行为特质。

体育参与与人际信任的关系在实证研究中已有讨论，常见的结论是体育运动影响参与者的一般信任或普遍信任。其重要的解释依据是社会资本理论在体育学范畴的应用——体育参与建构了社会关系网络，也相应地增加了社会资本，而信任、互惠和人际间的关系网络是高度生产性的社会资本。参与社区体育的积极程度对一般信任和社会资本有显著的预测作用。[7]中国体育与信任的研究报告中，既有关于运动员与教练员间信任的形成、发展和功能的文献，也有关于体育教学中的快速信任与合作行为关系的文献[8]。中西方的研究表明，体育参与有助于人与人社会网络的互动，进而对合作、分享和信任行为产生影响。

在家人以外的群体关系水平上，随迁子女的社会网络主要由同学构成，其互动对象的主流是当地的城市同伴。鉴于随迁子女体育交往的实际情境，以及体育参与与信任的研究基础，本研究提出：

研究假设 8 -1：体育参与程度正向影响随迁子女对城市同伴的信任。

1.2 运动友谊质量与人际信任

衡量友谊水平的友谊质量具有情境性，运动友谊质量具有正面和负面的双重特征（Weiss & Theeboom，1996），正面的运动友谊包括增强自尊、互助指导、亲密、忠诚、吸引、情感支持等特征，负面的运动友谊则表现为冲突、不受欢迎和难以亲近等[9]。

研究发现，运动友谊质量影响人际信任相关的诸多社会和心理效益，包括：①认知效益。运动友谊建立的过程涉及对群体成员的认识和了解，它是形成信任的重要前因，而儿童运动技能自我认知和社会交往认知的内部一致性较高[10]。②吸引效益。体育对儿童青少年有重要的人际吸引作用，而拥有友谊关系的双方会彼此吸引，其理论依据为情感增强论、时空接近论和个人特质论等，人际吸引影响人际信任。[11]③依恋效益。参与体育运动可能产生持久的情感依恋关系，运动友谊对亲子依恋和同伴依恋都有预测作用，依恋关系是人际信任的一种反映[12]。④忠诚效益。体育团队拥有社会凝聚力，表现为愿意多次参与群体活动，信守承诺，并具有信任群体成员的倾向。[13]

体育运动提供儿童、青少年相互接触和社会互动的机会，促进友谊的发展，并通过运动友谊发展互惠、合作与信任等心理与行为。从动机的角度讲，友谊是儿童和青少年体育参与的重要理由，而友谊质量的高低又会影响同辈群体的互动关系。依据运动友谊质量的特征，以及运动友谊质量的认知、吸引、依恋和忠诚等与人际信任高度相关的积极效益，本研究提出：

研究假设 8 -2：运动友谊质量正向影响随迁子女对城市同伴的信任。

1.3　体育参与与运动友谊质量

体育参与可满足与友谊相关的 3 种社会需要：帮助、支持和共同兴趣。青少年在青春期对家人的依赖会减少，逐渐增加对朋友的依赖，并把注意力转向参与家人之外的同辈群体活动。同伴友谊包含两个特殊要素：友谊质量与社会支持，友谊的质量越高，同伴间的相互支持程度也越高。关于群体地位的研究发现，运动技能对男孩具有重要影响，对于女孩，也是除了美貌和学业成就外占有较大比重的影响因素。体育运动情境中，儿童和青少年同伴间的互动对建立社会关系、发展友谊质量具有重要作用。[14]

体育参与涉及运动情境中特殊的人际关系和友谊知觉，包括正面的友谊知觉以及负面的友谊知觉，青少年参与运动对他们的友谊发展有很重大的影响。据此，本研究提出：

研究假设 8 -3：体育参与正向影响随迁子女的运动友谊质量。

1.4　运动友谊质量的中介作用

客观地判断，体育参与和人际信任在逻辑上的因果关系相对不明显，两者间的关系需要引入中介变量，以强调社会心理和社会互动因素在行为中的作用。在行为科学研究中，中介变量是自变量对因变量发生影响的实质性的、内在的原因，也就是说，自变量通过中介变量对因变量产生作用。

中介变量的作用原理如图 8 -1 所示。其中，c 是 X 对 Y 的总效应，a、b 是经过中介变量 M 的中介效应，c'是直接效应。[15] 结合本研究已提出的 3 个研究假设，随迁子女的体育参与对城市同伴有正向影响（c），体育参与对运动友谊质量有正向影响（a），运动友谊质量对城市同伴有正向影响（b），本研究提出：

研究假设 8 -4：运动友谊质量在随迁子女的体育参与及其对城市同伴的信任间起中介作用。

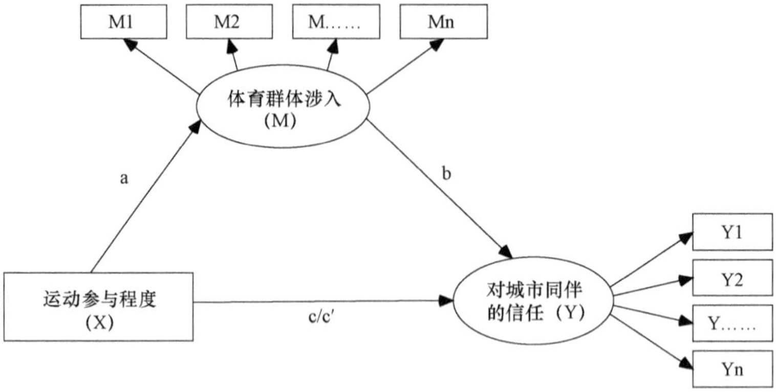

图8－1　假设关系示意图

2　研究方法

本研究需要对3组概念进行操作化测量：①体育参与程度可以依据惯例直接测得；②儿童运动友谊质量量表被国内外多个研究引用并认可，本研究将在修订的基础上继续验证其是否也适用于本研究中的调查对象；③随迁子女对城市同伴的信任量表需要根据已有研究进行修订。而后，本研究将讨论上述操作化概念的相互作用机制，验证研究假设。

2.1　被试与资料收集

被试资料的收集分为两个阶段。第一阶段为预试调查。在济南随机选取1所公办中学和1所公办小学，在非本市户籍的随迁子女中发放预试问卷150份，回收有效问卷150份（小学5、6年级和初中一年级各50人）。第二阶段为大样本正式调查。根据整群随机抽样法在济南市4所公立学校（小学2所，初中2所）的随迁子女中发放400份问卷，回收有效问卷356份。调查对象的分布为：11～13岁209人（11岁61人，12岁70人，13岁78人），14～16岁147人（14岁62人，15岁49人，16岁36人），平均年龄为（13.21±1.57）岁，男生204人，女生152人。

2.2 测量工具

2.2.1 随迁子女体育参与程度量表

采用福克斯（Fox，1987）测量体育参与程度的方案，由被试回忆过去7天的运动参与，并通过体育参与程度公式加以衡量：体育参与程度 = 运动频率 ×（持续时间 + 运动强度）[16]。运动频率赋值从“1 = 每周运动1次或以下”到“5 = 每周运动5次或以上”，运动持续时间赋值从“1 = 0 ~ 15分钟”到“5 = 1小时或以上”，每次运动强度的赋值从“1 = 非常轻松”到“5 = 非常累”。

2.2.2 随迁子女对城市同伴的信任量表

依据McAllister的人际信任量表[17]修改而成。原量表包括2个维度（认知信任维度含6个题项，情感信任维度含5个题项），应用于组织中“同事”间人际信任的测量。本研究针对儿童、青少年的“同伴”关系进行修订。第一阶段对修订的量表进行预试分析（$N = 150$），量表数据呈现正态分布，11个题项通过了项目分析，探索性因子分析萃取出2个因子，符合研究预期。最终的城市同伴信任量表为认知信任5题，如样题“我对本地同学的个人能力很有信心”；情感信任5题，如样题“我认为本地同学都很关心其他人的需要”。量表中每个题项以5点分进行测量。第二阶段采用大样本验证性因子分析（$N = 356$），分析显示2个因子模型拟合良好（$\chi^2 = 144.09$，$df = 34$，RMSEA = 0.07，CFI = 0.92），如图8－2所示。

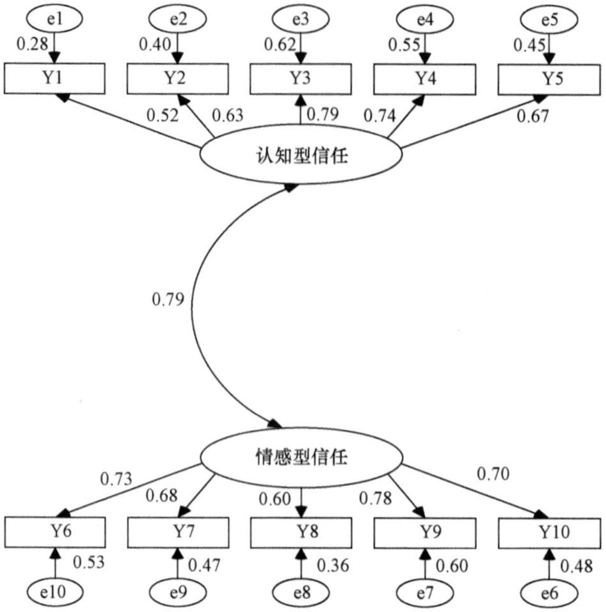

图 8－2　随迁子女对城市同伴信任验证标准化示意图

2.2.3　随迁子女运动友谊质量量表

采用 Weiss 和 Smith 的运动友谊质量量表（SFQS，1999）[18]。原问卷含 6 个维度 22 个题目，适用于 8～16 岁的儿童和青少年。为凸显本研究的主题，我们把原量表中的“同伴”修订为“本地同学”。增强自尊与支持维度 4 个题目，如样题“失误之后本地同学会激励我”；忠诚与亲密 4 个题目，如样题“本地同学和我会相互倾诉彼此的秘密”；共同性 4 个题目，如样题“本地同学和我有共同的兴趣”；陪伴与娱乐 4 个题目，如样题“我喜欢和本地同学玩”；冲突化解 3 个题目，如样题“当我们有争执时，本地同学和我会讨论如何解决”；冲突 3 个题目，如样题“本地同学和我会吵架”。每个题目以 5 点计分，其中冲突维度反向计分。22 个题目均通过预试分析（$N=150$）。本研究中，验证性因子分析（$N=356$）显示 6 因子模型拟合良好（$\chi^2=664.22$，$df=191$，RMSEA＝0.06，CFI＝0.95），如图 8－3 所示。

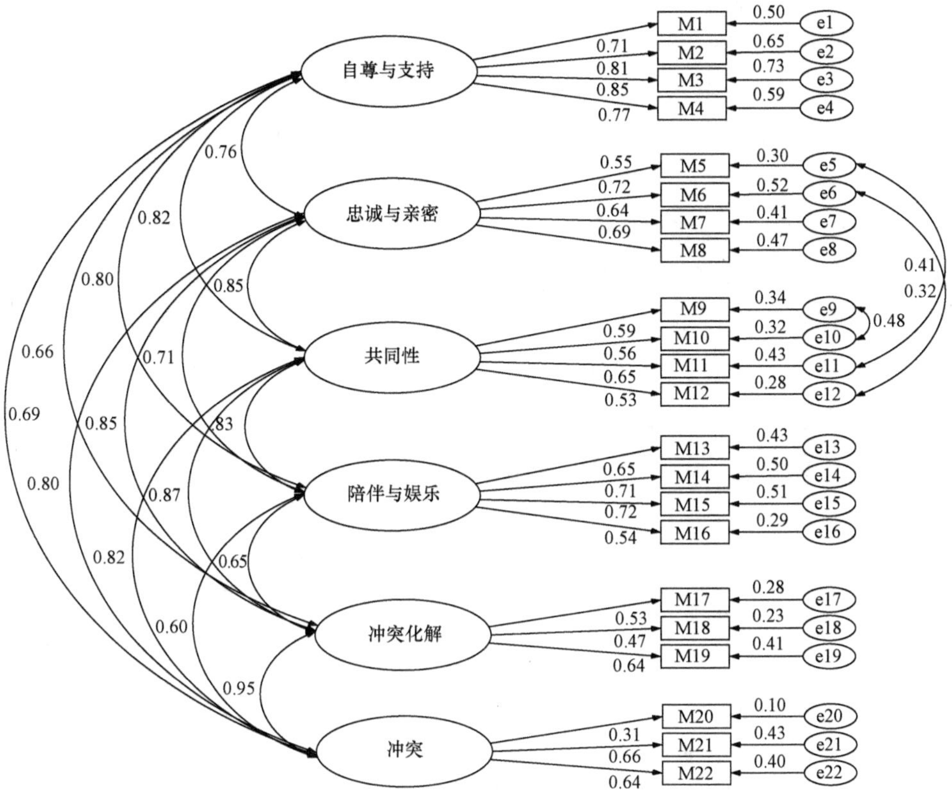

图 8－3　运动友谊质量验证标准化示意图

3　结　果

3.1　变量的适切性检验及描述性统计分析

3.1.1　区分效度和同源方法偏差检验

为保证随迁子女的“体育参与程度”、“运动友谊质量”和“对城市同伴的信任”3组变量的独立性，需要对正式调查的大样本数据进行区分效度的检验。表

8-1 中，基准模型含35个观察变量（体育参与3个、运动友谊质量22个、信任10个），而多因子的区分效度检验模型包括：①运动友谊质量与城市同伴信任合并后（32个观测变量）与体育参与程度（3个观测变量）的2因子模型；②运动友谊质量、体育参与（25个观测变量）与城市同伴信任（10个观测变量）的2因子模型；③体育参与、城市同伴信任合并后（13个观测变量）与运动友谊质量（22个观测变量）的2因子模型；④体育参与（3个观测变量）、城市同伴信任（10个观测变量）、运动友谊质量（22个观测变量）的3因子模型；⑤控制非可测潜在方法的4因子模型。从表8-1的统计结果可知，本研究中的3因子模型与其他模型相比拟合度更佳，其中χ^2/df值小于5，RMSEA未大于0.08，RMR小于0.05，CFI大于0.90。因此3因子模型（体育参与、运动友谊质量、城市同伴信任）能够更好地代表研究结构，验证了3组变量结构的区分效度。

表8-1 测量模型比较（N=356）

模型组别	χ^2	df	$\Delta\chi^2$	CFI	TLI	RMR	RMSEA
基准模型	2 322.62	560					
1.（运动友谊质量+同伴信任）↔体育参与	2 286.88	559	35.74	0.81	0.79	0.05	0.09
2.（运动友谊质量+体育参与）↔同伴信任	2 287.34	559	35.28	0.81	0.79	0.05	0.09
3.（体育参与+同伴信任）↔运动友谊质量	2 291.61	559	31.01	0.81	0.79	0.05	0.09
4. 体育参与↔同伴信任↔运动友谊质量	1 880.72	557	441.90	0.95	0.92	0.04	0.08
5. 体育参与↔同伴信任↔运动友谊质量↔同源偏差	2 252.05	522	70.57	0.77	0.74	0.04	0.09

由于主要采用问卷调查法，由单一来源受测者（随迁子女）填答，需要检验同源方法偏差。本研究采用控制非可测潜在方法因子的检验[19]，即表8-1中的4因子模型——将同源方法偏差当作潜变量纳入结构方程模型进行拟合检验，允许所有测量变量负载于同源偏差潜变量上，进行4因子结构（体育参与、运动友谊质量、对城市同伴信任和共同方法偏差）的验证性因子分析。检验结果表明，包含同源方法偏差的结构拟合不可接受，没有有效降低χ^2值，说明本研究的同源偏

差问题未对研究结构造成严重影响。

3.1.2　描述性统计分析

描述性统计的目的是观察变量间的相关性，为后续的多元回归和建构结构方程模型寻找变量的统计依据。需要特殊说明的变量赋值有：体育参与程度的变量值是通过公式计算获得的结果；而代表运动友谊质量和城市同伴信任的各个维度，则依据建模的打包策略，将观测变量值加总后计算总分，如表 8－2 所示。通过观察各变量间的相关系数与差异显著性，发现体育参与程度、运动友谊质量的 6 个变量（自尊与支持、忠诚与亲密、共同性、陪伴与娱乐、冲突化解、冲突），以及城市同伴信任的 2 个变量（认知型信任和情感型信任）间均显著相关，符合研究预期，有待利用多元线性回归和结构方程模型进一步验证其内部关系和作用机制。

表 8－2　变量的描述性统计

	$\bar{X}$	*SD*	1	2	3	4	5	6	7	8	9	10	11
1. 性别	1.42	0.50											
2. 年龄	13.21	1.53	−0.06										
3. 体育参与程度	36.42	9.70	0.03	0.10									
4. 自尊与支持	15.29	2.74	0.06	0.01	0.47**	(0.86)							
5. 忠诚与亲密	15.08	2.37	0.10	0.06	0.40**	0.43**	(0.74)						
6. 共同性	15.95	2.15	0.10	−0.08	0.56**	0.55**	0.59**	(0.79)					
7. 陪伴与娱乐	17.36	2.10	0.10	0.07	0.55**	0.48**	0.53**	0.67**	(0.73)				
8. 冲突化解	12.63	1.85	0.09	0.07	0.64**	0.54**	0.51**	0.71**	0.63**	(0.75)			
9. 冲突	11.77	2.00	0.06	−0.08	0.43**	0.59**	0.45**	0.53**	0.44**	0.52**	(0.72)		
10. 认知型信任	20.93	2.70	0.03	0.11	0.58**	0.44**	0.39**	0.61**	0.61**	0.67**	0.43**	(0.80)	

续表

	$\bar{X}$	SD	1	2	3	4	5	6	7	8	9	10	11
11. 情感型信任	20.08	3.40	-0.01	0.09	0.62 **	0.47 **	0.41 **	0.51 **	0.47 **	0.55 **	0.38 **	0.53 **	(0.82)

注：括号内为 Cronbach's α 系数。$*p<0.05$，$**p<0.01$（下同）。

3.2 多元回归分析

多元回归的目的是分析人口统计学变量、体育运动参与程度与运动友谊质量、城市同伴信任的相互关系。表 8－3 中，第一步回归中，性别、年龄对运动友谊质量的 6 个测量因子以及城市同伴信任的 2 个测量因子均未达到显著的预测作用。第二步，引入了运动参与程度变量，该变量对运动友谊质量、城市同伴信任各个因子的影响达到显著水平。运动参与程度对运动友谊质量中的自尊与支持、忠诚与亲密、共同性、陪伴与娱乐、冲突化解、冲突的解释量分别提高了 22%、16%、31%、30%、40%、18%；对城市同伴信任中的认知型信任和情感型信任的解释量分别提高了 32% 和 38%。可见，在本研究中自变量"运动参与程度"对因变量"城市同伴的信任"具有预测作用，符合进行自变量与因变量的中介效应分析的前提条件。为明确体育参与程度、运动友谊质量与城市同伴信任的关系，需要引入结构方程进一步讨论。

表 8－3　自变量与因变量多元回归分析（N＝356）

自变量	运动友谊质量						对城市同伴的信任	
	自尊与支持	忠诚与亲密	共同性	陪伴与娱乐	冲突化解	冲突	认知型信任	情感型信任
第一步	β 值							
性别	0.06	0.25	0.09	0.10	0.08	0.06	0.02	-0.01
年龄	0.01	0.10	-0.07	0.07	0.06	-0.08	0.15	0.09

续表

自变量	运动友谊质量						对城市同伴的信任	
	自尊与支持	忠诚与亲密	共同性	陪伴与娱乐	冲突化解	冲突	认知型信任	情感型信任
第二步	β值							
性别	0.05	0.08	0.08	0.09	0.07	0.05	0.00	-0.02
年龄	0.06	0.01	0.01	0.02	0.04	-0.01	-0.07	0.01
体育参与	0.47***	0.40***	0.56***	0.55***	0.64***	0.43***	0.57***	0.62***
调整R^2	0.22	0.16	0.32	0.31	0.41	0.18	0.34	0.38
ΔR^2	0.22	0.16	0.31	0.30	0.40	0.18	0.32	0.38
ΔF	99.43***	66.15***	161.15***	152.13***	240.09***	77.47***	170.13***	218.11***

β为回归方程标准化系数。*** $p<0.001$。

3.3　结构方程模型的建立与检验

通常考虑中介变量的前提是因变量与自变量的相关显著，自变量对因变量具有预测作用，这在上文中已经得到证实，即运动参与程度与城市同伴信任相关显著。在此基础上，引入中介变量后，中介作用研究假设的检验，需要检验3组回归系数——自变量与因变量、自变量与中介变量以及中介变量与因变量的线性关系。本研究中，在验证了运动参与程度与城市同伴信任相关显著的前提下，如果下面条件成立，则中介效应显著：①体育参与程度对运动友谊质量的回归系数显著；②运动友谊质量对城市同伴信任回归系数显著；③体育参与程度对城市同伴信任的回归系数显著（部分中介）或不显著（完全中介）。

随迁子女体育参与程度、运动友谊质量与城市同伴的关系模型如图8－4所示，其中，体育参与程度为自变量，城市同伴信任为因变量，它的2个观测变量为认知型信任、情感型信任；运动友谊质量为中介变量，它的6个观测变量为自尊与支持、忠诚与亲密、共同性、陪伴与娱乐、冲突化解、冲突。结构方程模型与实际调查数据拟合关系良好，各路径系数均达显著，如表8－4所示。

表 8-4　结构方程模型整体拟合情况表（N=356）

名称	χ^2	df	χ^2/df	GFI	AGFI	NFI	RFI	IFI	TLI	CFI	RMSEA
数值	91.37	24	3.81	0.95	0.90	0.95	0.92	0.96	0.94	0.96	0.08

中介效应的结构方程模型中，体育参与程度对运动友谊质量的回归系数为 0.71，体育参与程度解释了运动友谊质量 50% 的变异量，而运动友谊质量对 6 个观测变量解释变异量在 39% ~72% 之间，其中“忠诚与亲密”以及“共同性”2 个测量变量在模型中并非是独立的，两者间的相关系数为 0.15。在加入了变量运动友谊质量后，体育参与程度对城市同伴信任的回归系数为 0.30，运动友谊质量对城市同伴信任的回归系数为 0.74，体育参与程度和运动友谊质量两者共解释了城市同伴 94% 的变异量；同时，城市同伴信任也解释了认知型信任和情感性信任 57% 和 49% 的变异量。

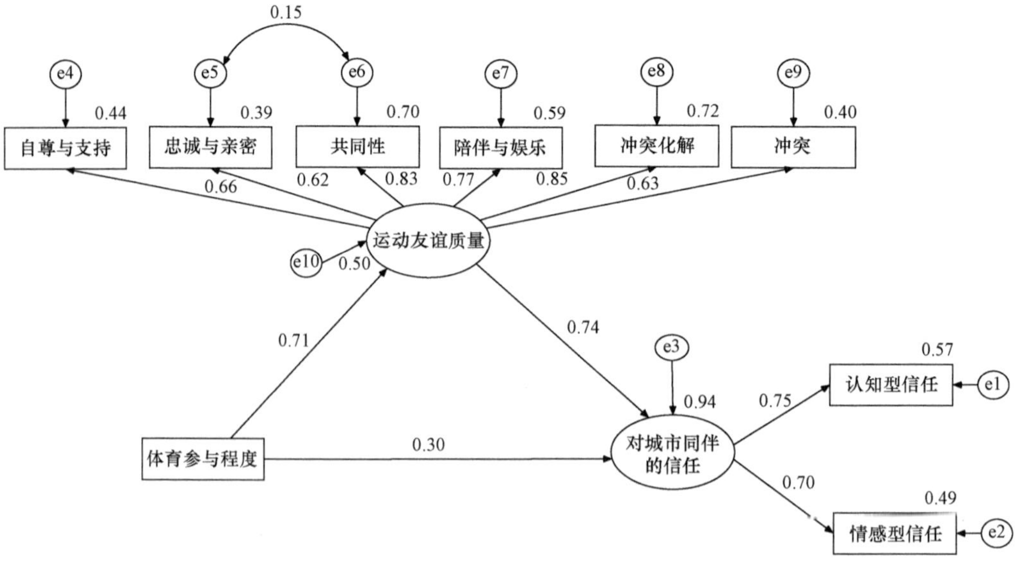

图 8-4　体育参与程度、运动友谊质量、对城市同伴信任的结构方程模型

可见，自变量“体育参与程度”通过影响变量“运动友谊质量”来影响因变量“对城市同伴的信任”，运动友谊质量为中介变量，如表 8 –5 所示。鉴于加入了变量“运动友谊质量”后，运动参与程度仍然对城市同伴信任的路径回归系数达到显著，本研究中运动友谊质量属于部分中介过程。其中，体育参与程度对城市同伴信任的总效应约为 0.83（直接效应路径系数 0.30 与间接路径系数 0.71 × 0.74 的和），中介效应比约为 0.64（间接效应与总效应的商 0.53/0.83），即运动友谊质量在体育参与程度和城市同伴信任的关系中具有 64% 的中介效用率。

表 8 –5　友谊质量中介效应分析表

	直接效应	间接效应	总效应	中介效应比
体育参与→对城市同伴信任	0.30	0.53	0.83	
体育参与→运动友谊质量	0.71		0.71	
运动友谊质量→对城市同伴信任	0.74		0.74	
体育参与→运动友谊质量→对城市同伴信任				0.64

4　讨　论

4.1　随迁子女的体育参与对城市同伴信任的正向影响

以体育参与程度为自变量，以随迁子女对城市同伴的信任为因变量的多元回归分析验证了研究假设 8 –1，即体育参与程度对城市同伴信任产生了正向影响（多元回归中，$p < 0.001$）。本研究中，随迁子女对城市同伴的信任由认知型信任和情感型信任两个维度构成。认知型信任代表随迁子女对本地同伴可靠性和可依恋性的预期，随迁子女会依据城市同伴正直、诚实、能力或善意等特质的不同选择是否信任或给予信任的程度。情感型信任源于随迁子女和城市同伴的情感交流，伴有人际互动和心理认同。无论是认知型信任还是情感型信任，在研究中都可以被随迁子女的体育参与程度预测。假设 8 –1 得以验证也是进行“运动友谊质量”中介效应检验的必要条件。

本研究证实了西方关于体育参与促进人际信任的研究[20]，并且验证了麦卡利斯特（McAllister，1995）关于认知信任（Cognition - based Trust）与情感信任（Affect - based Trust）的人际信任结构对本研究样本的适用性。所不同的是，本研究针对的是独具中国特色的随迁子女，其人际信任的对象也仅限于彼此熟识的城市同伴。西方体育社会学中体育参与所促进的信任则是更宽泛意义的一般信任或称公信力（General Trust），不仅包括对他人能力、善意的人际信任，还包括对政治制度及管理体制的制度信任[21]。西方同类研究的依据是体育与社会资本的相关理论及其经验数据验证。从格兰诺维特（Granovette）“弱关系的力量”，到普特南（Putnam）社会资本的网络、规范、信任观点，再到福山（Fukuyama）的社会信任理论，以及林南（Lin Nan）的社会资源、信任和合作的关联[22]，网络、互惠和规范等是促进人际信任发展的重要资源，而体育对这些资源具有建构和维持作用。体育运动既有助于发展社会关系、促成广泛的公民参与，又有助于建立社会信任和互惠。西方的体育社会学研究推广和延伸了体育互动情境以外的信任关系，体育参与对于公民社会信任以及制度信任均具有预测作用。

本研究对随迁子女体育参与和人际信任的推论持谨慎的态度，因为，中国人的信任区别于西方社会的普遍信任。中国社会的“差序格局”[23]“伦理本位”[24]“情境中心”[25]等信任产生和维持的文化土壤，以及熟人社会的“面子”“人情”等的文化习俗会潜移默化地影响随迁子女与城市同伴间的亲疏远近。在学校体育教育制度的运行与保障下，随迁子女的体育群体活动通常与具有较强熟人关系的同学（同伴）互动，因而这种人际信任仍然属于特殊信任，区别于西方的普遍信任或一般信任。这种特殊的人际信任具有特殊意义，处于弱势地位的随迁子女与城市同伴发展友谊质量，培养信任关系是其生活适应、城市融入的重要促进因素。

4.2 随迁子女运动友谊质量在体育参与程度和城市同伴信任中的中介作用

中介效应的检验首先需要自变量与因变量显著相关，进而再引入中介变量进行检验。本研究中研究假设 8 - 1 得到验证，因此满足了利用结构方程进行中介效应检验的条件。假设检验中，实际的经验数据与结构模型拟合良好。结构方程模型验证了如下关系：①体育参与程度对运动友谊质量的回归系数显著，路径系数为0.71，研究假设8－2得到验证；②运动友谊质量对城市同伴信任回归系数显著，路径系数为0.74，研究假设8－3得到验证；③体育参与程度对城市同伴信任的回归系数显著，路径系数为0.30，表明该中介效应为部分中介而非完全中介；④就结构方程模型的整体而言，随迁子女的运动友谊质量在体育参与程度和城市同伴信任关系中起到了中介作用（部分中介效应，中介效应率为64%），研究假设8－4得到验证。

友谊和情感的需求促使随迁子女参与属于分享快乐的体育运动，其中的体育群体网络有助于创造更多的沟通机会、发展友谊关系、增进人际间的信任感。瓦恩，基纳和佩奇（Wann，Keenan & Page，2009）认为群体成员通过体育互动容易建立好感，相互吸引，沟通顺畅，形成群体凝聚力[26]。斯派（Spaai，2012）的研究也发现，体育运动参与程度高的人群也拥有较丰富的社会关系网、较强的人际信任倾向，并可获得较强的情感支持和满意感[27]。本研究引入了体育友谊质量概念，试图从此途径解释随迁子女体育参与预测城市同伴信任的实质性的、内在的原因。运动友谊概念的操作化过程，采用了经典的6维度结构——自尊与支持、忠诚与亲密、共同性、陪伴与娱乐、冲突化解、冲突。对比国内关于运动友谊质量的研究，均以维斯和史密斯（Weiss & Smith，1999）的6维度22个题目的“运动友谊质量量表”（SFQS）为蓝本。其中，向渝（2005）应用SFQS量表的原文，对中学生的校外体育活动进行了研究[28]；翟伟、杨俊敏、鲍晓玲（2010）的研究确定了运动友谊质量5维度20个题目，与SFQS比较，少了“冲突化解”维度[29]；韩桂凤、徐守森、燕凌等（2011）的研究则确定了8个维度，与SFQS比较，其中5个维度含义与SFQS所对应的维度近意，而另外3个维度可看作是对SFQS的延伸与细化，最大的不同点仍然是“冲突”维度不显著[30]。可见，SFQS受到了国内研究者的认同，仅是对其中的冲突维度的有无持不同意见。本研究中验证了包括冲突在内的SFQS所有的6个维度，实际上，体育群体活动是含有竞技特征的特殊场域，是应当考虑竞争与冲突因素的，尤其对于随迁子女而言，“同城不同待遇”的现实与污名化的刻板印象更可能造成体育互动中的“冲突”，但这种冲突在运动中是可化解的（6维度中的“冲突化解”维度显著），它是运动友谊质量的重要构成部分。

本研究中的运动友谊质量与人际信任在概念上的逻辑关系需要说明。友谊和信任虽然关系密切，但却是不同的概念。友谊是指一种亲密与关怀关系，会导致互惠、信任、依恋与包容等心理和行为发生。本研究中的运动友谊质量操作化为6个维度构念，该6个维度构念也构成了随迁子女体育参与程度和同伴信任的中介变量。体育运动能预测运动友谊质量，而运动友谊质量又能预测随迁子女对城市同伴的信任水平。无论是信任同伴或是被城市同伴信任对随迁子女来说都是非常重要的。在学校与同辈群体的体育互动中，随迁子女与城市同伴的友谊有了生成和维持的特殊场域，运动友谊质量概念的引入丰富了体育参与与人际信任关系机制的解释途径。

4.3 研究局限与展望

本研究在研究设计及测量工具的修订和使用中都是针对随迁子女这一特殊的研究对象展开的，所获得的运动友谊和信任的信息也仅反映的是弱势的随迁子女对主流群体城市同伴的态度，所呈现的研究结论是否也适用于其他儿童或青少年群体应持谨慎的态度。本研究仅测量和讨论了随迁子女对城市同伴单向的信任水平，尽管这种信任是与城市本地同伴互动的结果，但仍无法清晰呈现城市同伴对随迁子女的信任以及接纳水平。同样，对运动友谊质量评价上也仅考量了随迁子女的态度，未能涉及与之互动的城市同伴的心理和行为特质，这些相关的比较有待深入研究。

5 结 论

（1）随迁子女的体育参与程度正向影响随迁子女对城市同伴的信任，其信任的2维结构得以验证，即认知型信任和情感型信任；体育参与程度正向影响随迁子女的运动友谊质量，且运动友谊质量的6维结构得以验证，包括自尊与支持、忠诚与亲密、共同性、陪伴与娱乐、冲突化解和冲突。

（2）通过结构方程模型的中介效应分析，表明在3组变量的共变关系中，运动友谊质量在随迁子女的体育参与程度及其对城市同伴信任的关系中起到了中介作用。

参考文献

[1]王婷,李庆功,何佳萍．认知情绪调节对流动儿童同伴依恋和孤独感的调节作用[J]．应用心理学,2012,18(3):256－262.

[2]王俊秀,杨宜音．中国社会心态研究报告[M]．北京:社会科学文献出版社,2013:43－46.

[3]Putnam R D. Bowling alone:America's declining social capital[J]. Journal of democracy,1995,6(1):65－78.

[4]仇军,钟建伟．城市中体育参与与社会融合的理论研究——以大众体育为例[J]．体育科学,2010,30(12):29－33.

[5]Rotter J B. Generalized expectancies for interpersonal trust[J]. American psychologist,1971,26(5):443－444.

[6]Fukuyama F. Trust:The social virtues and the creation of prosperity[M]. New York:Free Press,1995.

[7]Dietrich F,Shipherd A M,Gershgoren L,et al. Sport psychology group consultation using social networking web sites[J]. Psychological Services,2012,9(3):323－324.

[8]于少勇,王永立．运动领域信任研究现状与展望[J]．山东体育学院学报,2008,24(9):43－46.

[9]Weiss M R,Theeboom M. That's what friends are for:Children's and teenagers' perceptions of peer relationships in the sport domain[J]. Journal of Sport & Exercise Psychology,1996,18(4):347－379.

[10]周宗奎,赵冬梅,孙晓军,等．儿童的同伴交往与孤独感:一项年纵向研究[J]．心理学报,2006,38(5):743－750.

[11]Fitzgerald A,FITZGERALD N,Aherne C. Do peers matter? A review of peer andor friends' influence on physical activity among American adolescents[J]. Journal of adolescence,2012,35(4):941－958.

[12]Carr S,Fitzpatrick N. Experiences of dyadic sport friendships as a function of self and partner attachment characteristics[J]. Psychology of Sport and Exercise,2011,12(4):383－391.

[13]Schaefer D R,Simpkins S D,Vest A E,et al. The contribution of extracurricular activities to adolescent friendships:New insights through social network analysis[J]. Developmental Psychology,2011,47(4):1141－1152.

[14]朱瑜,邱勇．国外青少年运动友谊质量研究综述[J]．体育学刊,2006,33(4):115－118.

[15]温忠麟,刘红云,侯杰泰. 调节效应和中介效应分析[M]. 北京:教育科学出版社,2012:37 -48.

[16]Fox K R. Physical self - perception and exercise involvement[D]. Unpublished doctoral dissertation,Arizona State University,1987.

[17]Mcallister D J. Affect - and cognition - based trust as foundations for interpersonal cooperation in organizations[J]. Academy of management journal,1995,38(1):24 -59.

[18]Weiss M R,Smith A L. Quality of youth sport friendships:measurement development and validation[J]. Journal of Sport & Exercise Psychology,1999,21(2):145 -166.

[19]熊红星,张璟,叶宝娟,等. 共同方法变异的影响及其统计控制途径的模型分析[J]. 心理科学进展,2012,20(5):757 -769.

[20]Ibsen B,Seippel Ø. Voluntary organized sport in Denmark and Norway[J]. Sport in society,2010,13(4):593 -608.

[21]Dyreson M. Maybe it's better to bowl alone:Sport,community and democracy in American thought[J]. Sport in Society,2001,4(1):19 -30.

[22]李惠斌,杨雪冬. 社会资本与社会发展[M]. 北京:社会科学文献出版社,2000:65 -97.

[23]费孝通. 乡土中国生育制度[M]. 北京:北京大学出版社,1998:36 -169.

[24]梁漱溟. 中国文化要义[M]. 上海:上海人民出版社,2005:1 -278.

[25]许烺光. 宗族·种姓·俱乐部[M]. 北京:华夏出版社,1990:1 -281.

[26]Wann D L,Keenan B,Page L. Testing the team identification - social psychological health Model:Examining non - marquee sports,seasonal differences,and multiple teams[J]. Journal of Sport Behavior,2009,32(1):112 -124.

[27]Spaaij R. Beyond the playing field:Experiences of sport,social capital,and integration among Somalis in Australia[J]. Ethnic and Racial Studies,2012,35(9):1519 -1538.

[28]向渝. 中学生校外体育活动中的同伴效应研究[J]. 成都体育学院学报,2005,31(4):122 -125.

[29]翟伟,杨俊敏,鲍晓玲. 青少年运动友谊质量研究[J]. 北京体育大学学报,2010,33(11):31 -33.

[30]韩桂凤,徐守森,燕凌,等. 青少年运动友谊质量量表的编制[J]. 中国体育科技,2011,47(2):134 -139.

第九章 随迁子女体育涉入、运动心理资本与城市适应的关系

内容提要： 为探索随迁子女的体育运动与城市适应相互关系和作用机制，围绕“体育涉入”、“运动心理资本”和“城市适应”3组核心概念对356名随迁子女进行了社会调查，建构了变量关系的结构方程模型，进行了共变关系和中介效应的分析与讨论。研究结果表明：“体育涉入”、“运动心理资本”和“城市适应”3组概念关系的结构方程模型拟合良好，其中，①“体育涉入”对“运动心理资本”的显著性路径系数是0.58；②“运动心理资本”对“城市适应”的显著性路径系数是0.57；③“体育涉入”对“城市适应”的显著性路径系数是0.30；④“运动心理资本”对“体育涉入”和“城市适应”的中介率是52%。研究结论是：①随迁子女的“体育涉入”正向影响“运动心理资本”“体育涉入”的自我表现、生活中心性和吸引力的3维度结构，以及“运动心理资本”的乐观、希望感、自我效能和韧性4维度结构得以验证；②随迁子女的“运动心理资本”正向影响“城市适应”，“城市适应”的行为适应和城市认同2维度结构得以验证；③“体育涉入”正向影响“城市适应”；④结构模型的共变关系中，“运动心理资本”在“体育涉入”和“城市适应”的关系中起到了中介作用。随迁子女的“运动心理资本”解释了“体育涉入”可以促进“城市适应”的心理机制，为体育运动促进随迁子女的城市适应提供了一种理论与实践依据。

“农民进城”是近二十年中国突出的社会现象，而1 400万随迁子女的城市生活适应也是学术界所关注的一个焦点。有研究指出，外来人口增强其社会融入水

平的重要理论基础是舒尔茨、贝克尔、雅各布明赛尔等人力资本理论[1]，以及格兰诺维特、普特南、林南、边燕杰等社会资本理论[2]。国内的理论与实践研究表明，体育运动可以预测随迁子女的社会适应水平[3,4]。由于社会资本和人力资本的积累和介入，在一定程度上解释了体育运动促进随迁子女城市融入的社会学机制。

与社会学相呼应，从心理学视角探索体育运动与随迁子女城市适应的研究也意义重大。心理资本是继人力资本和社会资本后，促进个人成长和绩效提升的一种超越性的概念，它源于正向心理学，探讨人类呈现出的积极进取的正向情绪。研究发现，个体心理资本可以对满意感和社会认同产生正向影响，心理资本有助于建立正向的生理与心理效益，提高社会适应水平[5]。体育运动作为心理健康的重要功能载体，可能与随迁子女的心理资本及其城市适应存在正向影响的关系机制。本研究将探讨随迁子女的体育涉入、心理资本和城市生活适应的关系。

1 理论基础与研究假设

1.1 体育涉入与心理资本

涉入理论来自社会心理学概念中的社会判断理论[6]，探讨“个人对情境所感受到的与其自身相关的程度”，它影响行为参与的持续性以及后续关心该事物的行为[7]。涉入在体育运动领域得以较广泛应用，运动涉入在进行体育参与行为以外，更强调个体在运动情境中心理上的兴趣、重要性及其与自身关联性的认知程度。当代学者认为，运动涉入为“个人进行身体活动，并知觉运动的自我心理感受”，体育涉入状态反映其对特定运动着迷、有强烈兴趣，视运动为一种嗜好和习惯[8]。

心理资本由 4 个正向基础理念构成，包括自我效能（Efficacy）、希望（Hope）、乐观（Optimism）和韧性（Resiliency）。在运动领域中，维持运动动机一直是运动心理学家所关心的问题，强烈的动机是持续努力并获取进步的最大动力。心理资本特性可以通过训练养成，也是提升运动表现的重要方法。

运动领域一直关注心理资本中的正向信念，实证研究也说明了心理资本与运动行为表现、正向情绪的正相关，与退出意图负相关的可能性[9]。研究表明，运动员比一般人有更明确的运动目标，并且有强烈的动机去实现运动目标，完成训练任务或赢得比赛。正向的心理资本有助于持续的体育训练或体育技战术的提升，以及预测球迷观赏、"追星" 等相关行为表现[10]。据此，本研究提出：

研究假设 9 –1：体育涉入正向影响随迁子女的心理资本水平。

1.2　体育涉入与城市适应

流动人口对经济、社会、心理和文化层面的适应是递进的，心理和行为适应反映着适应社会生活的深度，只有心理和行为的适应才标志着流动人口适应了城市生活[11]。流动人口的城市适应强调城市文化的认同和行为适应的过程，即外来人口对流入地文化和生活的融入。

体育的社会功能和积极的心理效益验证了体育促进社会生活适应的议题。我国《国家课程标准》也强调体育运动对于儿童和青少年的交往能力、运动友谊质量、心理适应、心理健康等的积极效益。据此，本研究提出：

研究假设 9 –2：体育涉入正向影响随迁子女的城市适应水平。

1.3　心理资本与城市适应

心理资本与社会适应的研究发现，高心理资本会与较佳的整体调适和适应有关，例如心理资本会影响其整体适应的调适分数，并且与较少的负面归因与较多的正面归因有关[12]，心理资本与主观幸福感正相关[13]，弱势儿童心理资本是由自立顽强、明理感恩、宽容友善、自信进取、乐观开朗等因素构成的；高心理资本的儿童在情绪、行为与学业适应水平上均明显优于比较组[14]。据此，本研究提出：

研究假设 9 –3：心理资本正向影响随迁子女的城市适应水平。

1.4　运动心理资本在体育涉入和城市适应间的中介作用

有文献证明了心理资本功能对城市适应的积极作用；体育运动又会产生积极的心理效益，与心理资本可能存在正向相关关系。此外，客观上体育运动与随迁子女的城市适应在因果关系上的逻辑并不明显，也没有必然的相互生成关系。流动人口的城市适应研究中，心理资本是承接社会资本和人力资本理论佐证体育运动促进城市适应的又一个重要研究概念，可以理解为解释体育运动和随迁子女的城市适应关系的一种内在心理机制。据此，本研究提出：

研究假设 9－4：心理资本在随迁子女体育运动和城市融入之间具有中介作用。

综合而言，本研究实际上就是要验证图 9－1 的假设关系。

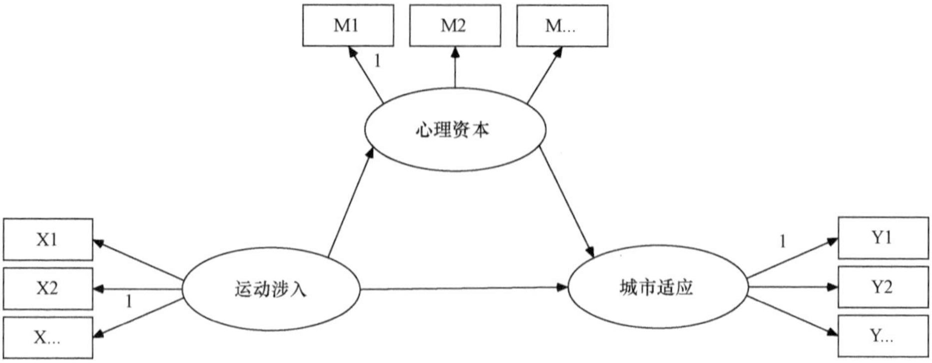

图 9－1　假设关系图

2　研究方法

2.1　研究程序

资料收集过程分两个阶段：第一阶段是对长春 2 所中学随迁子女样本的预调查，主要用于预试问卷的探索性评价，发放预试问卷 200 份，回收有效问卷 199 份；第二阶段为大样本正式调查。根据整群随机抽样法，在长春市 4 所中学发放 400 份问卷，回收有效问卷 356 份。调查对象平均年龄为（14.12 ± 1.46）岁，男 203 人，女 153 人。

2.2　研究工具

2.2.1　体育涉入量表

麦金泰尔和皮格拉姆（Mclntyre & Pigram，1992）揭示运动涉入由吸引力、自我表现以及生活中心性 3 个构面组合而成，并以此作为衡量运动涉入的依据广泛应用于相关的研究之中[15]。体育涉入的吸引力维度包括“我觉得运动很有趣”等 4

个题项，生活中心性维度包括“运动在我生活中占有中心的地位”等4个题项，自我表现维度包括“我认为运动可以让我从生活的压力中释放出来”等4个题项。总量表内部一致性信度为0.93，量表样本验证性因素分析拟合良好（$\chi^2/df=0.62$，RMSEA =0.01，CFI =0.95）。

2.2.2　心理资本量表

根据路桑斯等人的（Luthans，2007）研究，运动心理资本包括4个分量表，即自我效能、希望感、坚忍和乐观量表[16]。自我效能包括“我相信自己有能力在运动中表现优秀”等3个题项，希望感包括“我有强烈的动机去追求自己的运动目标”等3个题目，坚忍包括“运动中即使遭遇严重的挫败，我也不会轻易退怯”等3个题目，乐观包括“即使比赛情境对我不利，我认为情况一定会好转”等3个题目。总量表内部一致性信度为0.90，量表验证性因素分析拟合良好（$\chi^2/df=2.88$，GFI = 0.80，RMSEA = 0.09）。

2.2.3　城市适应量表

依据《流动农民和失地农民日常生活调查问卷》《农民工子女的社会心理问卷调查》《体育运动对城市融入影响》问卷对城市适应的研究基础，本研究的城市适应量表包括行为适应和城市认同两个分量表。量表包含行为适应维度5题，如样题“既然在这个城市，就要学会适应这个城市的生活”；城市认同维度5题，如样题“我愿意和城市里的人打交道”[17]。总量表内部一致性系数为0.89，量表样本验证性因素分析拟合良好（$\chi^2/df=4.26$，RMSEA =0.06，CFI =0.95）。

3　研究结果

3.1　变量描述性统计分析与效度检验

3.1.1　变量间区分效度和同源（共同）方法偏差检验

研究对象为单一被试群体，需要区分效度和同源方差检验，如表9－1所示。区分效度检验中，基准模型含34个观察变量（运动涉入12个、心理资本12个、城市适应10个）。多因子区分效度检验模型包括：①心理资本、城市适应合并后

“22 个观测变量”与体育涉入（12 个观测变量）的 2 因子模型；②心理资本、体育涉入（24 个观测变量）与城市适应（12 个观测变量）的 2 因子模型；③体育涉入、城市适应合并后（22 个观测变量）与心理资本（12 个观测变量）的 2 因子模型；④体育涉入（12 个观测变量）、城市适应（10 个观测变量）、心理资本（12 个观测变量）的 3 个因子模型；⑤控制非可测潜在方法的 4 个因子模型。本研究允许所有测量变量负载于同源偏差潜变量上，进行（体育涉入、心理资本、城市适应和共同方法偏差）4 因子结构的验证性因子分析。

本研究中的 3 个因子模型与其他模型相比拟合度最佳，χ^2/df，RMSEA，RMR，CFI 值理想。因此 3 因子模型（体育涉入、心理资本、城市适应）能够更好地代表研究结构，区分效度得以检验。同源偏差检验结果表明，包含共同方法偏差的结构不合理，说明同源误差不严重。

表 9－1　潜在变量测量模型比较（N=356）

模型	c^2	df	$\triangle c^2$	CFI	TLI	RMR	RMSEA
单因子模型	2 376.33	462					
(1)（心理+适应）↔涉入	2 151.12	461	225.31	0.76	0.65	0.07	0.13
(2)（心理+涉入）↔适应	2 096.90	461	54.22	0.74	0.73	0.06	0.13
(3)（涉入+适应）↔心理	2 256.31	461	159.41	0.75	0.74	0.05	0.13
(4) 3 因子（涉入+适应+心理）	1 383.23	410	1 846.31	0.92	0.91	0.04	0.06
(5) 4 因子模型（含同源偏差）	1 839.47	402	456.24	0.77	0.76	0.04	0.07

3.1.2　变量的描述性统计

观察各变量间的相关系数与差异显著性，发现心理资本功能的平均数、体育涉入的平均数以及代表随迁子女城市适应的平均数间均显著相关，符合研究预期，有待利用结构方程模型进一步验证本研究的假设关系，如表 9－2 所示。

表 9－2　研究变量的描述性统计（N=356）

	平均分	标准差	吸引力	中心性	自我表现	自我效能	乐观	希望	韧性	行为适应
吸引力	3.51	0.82								
中心性	3.97	0.81	0.29(**)							
自我表现	3.96	0.81	0.34(**)	0.48(**)						
自我效能	4.38	0.61	0.20(**)	0.25(**)	0.24(**)					
乐观	4.26	0.63	0.26(**)	0.30(**)	0.33(**)	0.51(**)				
希望	4.11	0.68	0.19(**)	0.19(**)	0.22(**)	0.41(**)	0.52(**)			
韧性	4.09	0.77	0.26(**)	0.27(**)	0.26(**)	0.36(**)	0.47(**)	0.46(**)		
行为适应	4.19	0.80	0.30(**)	0.28(**)	0.33(**)	0.38(**)	0.50(**)	0.24(**)	0.32(**)	
城市认同	3.85	0.95	0.25(**)	0.21(**)	0.26(**)	0.31(**)	0.37(**)	0.29(**)	0.22(**)	0.45(**)

**p<0.01。

3.2　结构方程模型的建立与检验

随迁子女体育涉入、心理资本与城市适应的关系模型如图 9－2 所示，结构方程模型拟合数据理想（χ^2 = 38.61，df = 24，χ^2/df = 1.61，RMP = 0.04，CFI = 0.98），各路径系数均达显著。

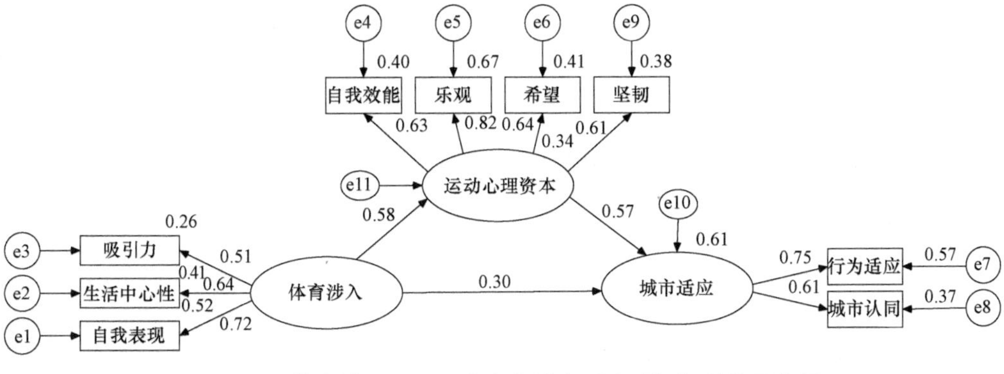

图 9－2　体育涉入、心理资本和城市适应验证标准化示意图

潜在变量“体育涉入”3个测量指标吸引力、生活中心性和自我表现能被其解释的变异量分别是0.26、0.41和0.52，即在随迁子女的运动涉入状态中，解释力最强的是诸如“我认为运动可以让我从生活的压力中释放出来”、“运动时的我能真实地表现自己”和“我会关注任何关于运动的消息”等自我表现因素，而“运动对我来说是有意义的事”“我非常喜欢运动”等运动吸引力因素的解释力相对较弱。同理，在城市适应的潜在变量中，行为适应的解释力（0.57）也大于城市认同的解释力（0.37），也就是说本研究调查对象在城市适应中的行为举止方面与城市生活的融合更为重要。而且，在运动心理资本维度上，随迁子女的正向心理效益方面表现最突出的是乐观（解释了67%的心理资本变异量），相对较弱的是坚忍（解释了38%的心理资本变异量），而自我效能和希望分别解释了40%和41%的变异量。

整体的关系模型中结构变量“体育涉入”和“心理资本”是“同伴接纳”外因潜在变量，“城市适应”为内因潜在变量。体育涉入、心理资本和城市适应3者关系的路径系数分别是0.30、0.57和0.58。结构方程模型虽然可以检验数学意义上的因果效应，但是对于心理和行为学范畴的变量需要更为严谨的理论支撑和逻辑思考。数学关系上的因果关系只能提供参考[17]，因此，本研究对于变量“体育涉入”、“心理资本”和“城市适应”之间的关系解释为“产生正向的影响”。

3.3 中介作用分析

在利用结构方程模型的中介效应检验中，随迁子女体育涉入对城市适应的回归系数为0.30，体育涉入对心理资本的回归系数为0.58，心理资本对城市适应的回归系数为0.57。如表9－3所示，鉴于加入了变量情绪调节后，体育涉入仍然对城市同伴信任的路径回归系数达到显著，其中，体育涉入对城市适应的总效应为0.63（直接效应路径系数0.30与间接路径系数0.57×0.58的和），中介效应比为0.52。可见，心理资本在体育涉入和城市适应的关系中具有52%的中介效用率。

表 9－3　心理资本中介效应分析表

	直接效应	间接效应	总效应	中介效应比
体育涉入→城市适应	0.30	0.33	0.63	
体育涉入→心理资本	0.58		0.34	
心理资本→城市适应	0.57		0.33	
体育涉入→心理资本→城市适应				0.52

4　讨　论

4.1　假设 9－1 "体育涉入正向影响随迁子女的心理资本水平" 得以验证

本研究共变关系模型中，体育涉入正向影响心理资本，假设 9－1 得以验证：①柯里等人的研究也认为，乐观和希望感对于竞技运动很重要，希望感可以显著预测田径运动员的表现[18]；②加利与韦利（Galli & Vealey，2008）提出运动情境中的心理复原力概念模式，认为在遇到挫折后，心理坚忍是一个有效的认知和行为应对策略，进而有助于获得进步等正向结果[19]；③候赛尼（Hosseini & Besharat，2010）指出自我效能可以正向预测运动成就和心理的满足感，负向预测心理倦怠和挫折[20]。本研究不仅再次验证了心理资本的乐观、希望感、自我效能和坚忍的 4 维度结构，以及体育涉入与心理资本间的正向影响关系；而且，本研究的特殊性在于研究对象是处于义务教育阶段的随迁子女，该群体的体育涉入可以促进心理资本的积累，这也体现了本研究的一个重要实践价值。

4.2　假设 9－2 "体育涉入正向影响随迁子女的城市适应水平" 得以验证

本研究倾向于认为体育涉入反映个体对体育活动所知觉到的相关于自身兴趣及需求的程度[20]。结构方程模型验证了体育涉入的 3 维度结构，即吸引力、生活中心性和自我表现，而且，体育涉入正向影响城市适应水平。类似的研究也佐证了这一研究结论，欧洲的《体育白皮书》、美国的“体育是良药”都涉及运动与情绪效益和正向心理状态的正向关系[21]。本研究特别强调了体育运动对于弱势地位的随迁子女的积极作用，体育运动成为了随迁子女适应当地社会生活的一种方法和途径。

4.3 假设 9－3“心理资本正向影响随迁子女的城市适应水平”得以验证

城市适应包括城市当地原有人口与外来人口的相互适应、融合，或者强调外来弱势人口主动积极地适应主流城市文化生活的适应、融入两种观点。本研究更强调随迁子女对主流当地儿童、青少年的适应和融入，包括城市认同和行为适应 2 个维度，并通过了大样本的验证。心理资本会引发种种正向情绪和情感，而正向情绪和情感在个体社会适应中的作用明显。情感求助、认知应对和正向情绪表露等隶属受欢迎的社会适应方式；正向情绪的觉察、表达和调节也影响人际交往和同伴间的相互适应；儿童和青少年朋友数量与情绪调节的研究表明，情绪调节、社会行为与同伴接受正相关。因此，正向的心理资本可以影响随迁子女的城市融入水平。

4.4 假设 9－4“心理资本在随迁子女体育运动和城市融入之间具有中介作用”得以验证

本研究是通过结构方程模型来检验中介效应作用的。通常利用结构方程模型 3 组变量的整体关系考虑中介变量：①体育涉入程度对城市适应的回归系数显著；②心理资本对城市适应的回归系数显著；③体育涉入对城市适应的回归系数显著（部分中介）或不显著（完全中介）。本研究中，在整体的关系模型中“体育涉入”是体育情境中“心理资本”和“城市适应”的基础或原因，“体育涉入”和“心理资本”对分别“城市适应”产生影响。另外，心理资本在关系模型中既作为体育涉入影响的一个终点（结果），也是影响城市适应的一个起点（原因）。自变量体育涉入通过影响变量心理资本对随迁子女的城市适应产生了影响，情绪适应在体育涉入和城市适应中为中介变量。

教育部2016年公布的数据显示，处于义务教育阶段的随迁子女已达130余万人，同时，作为城市中的一个特殊群体，随迁子女的社会弱势地位依然显著。对随迁子女的歧视和排斥，会使他们感受到作为外来人的身份尴尬，并且在自我和社会认知上存在边缘性的再生产。孤独、委屈、焦虑、自卑等情绪体验常与同辈群体的社会排斥感有关。随迁子女利用体育运动的载体，对积极建设心理资本、积极适应城市生活、提高生活质量和社会融入水平具有重要意义。以往的研究表明，利用体育的人力资本和社会资本可以促进随迁子女的城市融入水平，而人力资本和社会资本的理论依据是“知识与技能可以为个人带来经济和社会收益”，以及关于“弱关系的力量”、“人际网络”和“嵌入性资源”等学术观点。体育的人力资本或者是社会资本理论与实践，对弱势儿童的社会适应更多地是在解释其中的经济学与社会学机制。而本研究则利用运动心理资本概念来解释体育运动可以促进随迁子女城市适应，这解释了其中的心理学机制，是对人力资本、社会资本等经济学和社会学机制的补充和完善。

5　结　论

（1）随迁子女“体育涉入”正向影响“运动心理资本”，体育涉入的自我表现、生活中心性和吸引力的3维度结构，以及心理资本的乐观、希望感、自我效能和坚忍4维度结构得以验证。

（2）随迁子女的“运动心理资本”正向影响“城市适应”水平，城市适应的行为适应和城市认同2维度结构得以验证。

（3）“体育涉入”正向影响“城市适应”水平。

（4）结构模型的共变关系中，“运动心理资本”在“体育涉入”和“城市适应”的关系中起到了中介作用。

参考文献

[1]李培林，田丰．中国农民工社会融入的代际比较[J]．社会，2012，32(5)：1－24.

[2]林南，敖丹．社会资本之长臂：日常交流获取工作信息对地位获得的影响[J]．西安交通大学学报（社会科学版），2010(6)：74－81.

[3]赵溢洋,陈蕾．体育运动的社会和人力资本功能对随迁子女城市融入的影响——共变关系的调节与远端中介效应[J]．体育科学,2014,34(4):18－29.

[4]孙中芹,赵溢洋,王清玉,等．城市农民工子女体育社会资本的结构:经验数据的探索与验证[J]．天津体育学院学报,2014,29(3):241－246.

[5]Heled E,Somech A,Waters L. Psychological capital as a team phenomenon:Mediating the relationship between learning climate and outcomes at the individual and team levels[J]. The Journal of Positive Psychology,2016,11(3):303－314.

[6]Sherif M,Cantril H. The psychology ego involvements,social attitudes and identifications[M]. New York:Wiley,1947.

[7]Zaichkowsky JL. Measuring the involvement construct[J]. Journal of consumer research,1985,12(3):341－352.

[8]Blatsis P,Saraslanidis P,Barkoukis V,et al. Does the Background of a Long Term Involvement in Extra Curricular Sports Affect the Physical Fitness Differences between Preadolescent Boys and Girls[J]. Inquiries in Sport & Physical Education,2016,14(3):49－61.

[9]Avey JB,Wernsing TS,Luthans F. Can positive employees help positive organizational change? Impact of psychological capital and emotions on relevant attitudes and behaviors[J]. The Journal of Applied Behavioral Science,2008,44(1):48－70.

[10]Hosseini SA,Besharat MA. Relation of resilience whit sport achievement and mental health in a sample of athletes[J]. Procedia－Social and Behavioral Sciences,2010(5):633－638.

[11]王清玉,曹莉,赵溢洋．随迁子女体育群体涉入、情绪调节策略与同伴接纳的关系[J]．天津体育学院学报,2016,31(6):474－478.

[12]Siu OL,Cheung F,Lui S. Linking positive emotions to work well－being and turnover intention among Hong Kong police officers:The role of psychological capital[J]. Journal of happiness studies,2015,16(2):367－380.

[13]张西超,胡婧,宋继东,等．小学教师心理资本与主观幸福感的关系:职业压力的中介作用[J]．心理发展与教育,2014(2):200－207.

[14]刘耀烛,植凤英,于岚茜,等．流动儿童学校适应心理资本量表的编制[J]．科教导刊,2015(11):176－178.

[15]McIntyre N,Pigram J. Recreation specialization reexamined:The case of vehicle－based campers[J]. Leisure Sciences,1992(14):3－15.

[16]Luthans F,Avolio BJ,Avey JB,et al. Positive psychological capital:Measurement and relation-

ship with performance and satisfaction[J]. Personnel psychology,2007,60(3):541 – 572.

[17]赵溢洋. 阳光体育与“外来学生群体”的城市融入研究[D]. 曲阜:曲阜师范大学,2011.

[18]Curry L A,Snyder C R,Cook D L,et al. Role of hope in academic and sport achievement [J]. Journal of Personality and Social Psychology,1997,73:1257 – 1267.

[19]Galli N,Vealey RS. “Bouncing back” from adversity:Athletes’ experiences of resilience [J]. The Sport Psychologist,2008,22(3):316 – 335.

[20]Hosseini SA,Besharat MA. Relation of resilience whit sport achievement and mental health in a sample of athletes[J]. Procedia – Social and Behavioral Sciences,2010(5):633 – 638.

[21]Wiley CG,Shaw SM,Havitz ME. Men’s and women’s involvement in sports:An examination of the gendered aspects of leisure involvement[J]. Leisure Sciences,2000,22(1):19 – 31.